LE
NARVAL

LE
NARVAL

SUR LES CHEMINS
DE LA LICORNE

FRED BRUEMMER

Adapté de l'anglais par Gabriel Racle

Les éditions
Héritage inc.

À Heddy, Hella et Arist, avec amour

Données de catalogage avant publication (Canada)

Bruemmer, Fred

Sur les chemins de la licorne

Pour les enfants.
Traduction de : The Narwhal
Comprend des réf. bibliogr. et un index.

ISBN : 2-7625-7727-6

1. Narval. 2. Licornes. I. Titre

QL737.C433B7814 1994 599.5'3 C94-940902-2

The Narwhal Unicorn of the Sea
Copyright © 1993 Fred Bruemmer
Publié par Key Porter Books

Version française
© Les éditions Héritage inc. 1994
Tous droits réservés

MONTAGE INFOGRAPHIQUE
Marie-Claude Parenteau-Lebeuf

Dépôts légaux : 3ᵉ trimestre 1994
Bibliothèque nationale du Québec
Bibliothèque nationale du Canada

ISBN : 2-7625-7727-6

Imprimé à Hong-Kong

94 9 8 7 6 5 4 3 2 1

Page 1 : *un narval mâle doté d'une défense et sa femelle qui en est dépourvue.* Tableau de Richard Ellis
Page 2 : *un groupe de narvals aux défenses d'ivoire.* Janet Foster/Masterfile

Cette traduction a été rendue possible grâce à une subvention du Conseil des Arts du Canada.

SOMMAIRE

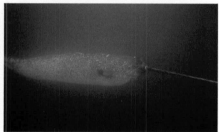

PRÉFACE

J'ai passé la moitié de ma vie dans l'Arctique, souvent à la poursuite des narvals. Je suis très reconnaissant à Arthur W. Mansfield, Ph.D., de la station biologique de l'Arctique du ministère des Pêches et des Océans, de m'avoir autorisé à me joindre à son équipe d'étude des narvals, à la baie de Koluktoo, en 1965, et accordé son aide et son amitié. Brian Beck, qui dirigeait cette équipe et qui travaille maintenant avec l'Institut Bedford d'océanographie, est resté un bon et généreux ami, malgré mon atroce cuisine.

Je suis retourné à la baie de Koluktoo en 1988, avec deux autres scientifiques, Michael Kingsley, Ph.D., du ministère canadien des Pêches et des Océans, et Malcolm Ramsay, Ph.D., de l'université de la Saskatchewan. Je les remercie tous deux de m'avoir permis de participer à leur étude des narvals et de m'avoir fait partager leur connaissance du Nord. Holly Cleator, du Winnipeg's Freshwater Institute, a partagé avec moi ses observations des narvals et je lui en suis très reconnaissant. J'ai beaucoup apprécié les longues conversations avec Sheatie Tagak de Pond Inlet, dans la terre de Baffin ; elles m'ont aidé à comprendre le point de vue actuel des chasseurs de narvals.

Les Inuit polaires du nord-ouest du Groenland, avec lesquels j'ai vécu pendant plus de six mois, m'ont appris ce que signifie la chasse au narval et ce qu'elle veut dire pour les autochtones du Nord.

Thomas G. Smith, Ph.D., Edward Mitchell, Ph.D., Wyb Hoek et Gary Sleno, du ministère des Pêches et des Océans, m'ont aidé pendant plusieurs années dans ma recherche touchant les narvals ; j'apprécie grandement leur amitié et leur gentillesse. Je suis reconnaissant à Randall Reeves d'avoir partagé avec moi sa connaissance phénoménale des baleines et l'histoire de leur chasse.

Les participants au Projet du plateau continental polaire m'ont prêté assistance dans ma recherche arctique, ce dont je leur suis très reconnaissant, particulièrement à George Hobson, son ancien directeur, et aux gestionnaires des bases, Barry L. Hough, Eddie Chapman et Jim Godden.

J.E. Lewis, Ph.D., d'Atlantic Marine Wildlife Tours Ltd., m'a donné la possibilité de séjourner à la limite de la banquise, près de Pond Inlet. Jim Allan, d'Ecosummer Expeditions, m'a permis de visiter l'île de Skraeling, dans le haut Arctique. Je leur en garde une vive reconnaissance.

Richard Ellis est l'un des peintres de la vie marine les plus célèbres au monde. Je lui suis très reconnaissant de la permission qu'il m'a donnée de reproduire dans ce livre ses superbes tableaux de narvals.

L'éditrice Laurie Coulter a cherché et trouvé les photos de la licorne. Je la remercie de sa patience et de sa persévérance, et d'être toujours si aimable et si magnifiquement organisée.

Par-dessus tout, je remercie ma femme, Maud, de partager ma vie, mes rêves et ma recherche de la licorne.

Le royaume d'été du narval : baie de Radstock, île Devon, détroit de Lancaster.

LA BAIE DES BALEINES

Dans le trésor impérial de Vienne, le Schatzkammer, on peut admirer la splendeur et l'opulence de l'empire des Habsbourg : la couronne du Saint Empire romain germanique, fabriquée vers 1030 pour l'empereur Conrad II, faite d'or pur et couverte de gros rubis, de perles et d'émeraudes ; la Sainte Lance qui aurait percé le corps du Christ sur la croix ; les somptueux insignes et robes du sacre des empereurs.

Parmi ces trésors magnifiques, il s'en trouve quatre faits d'une corne d'*Ainkhürn*, mot dialectal ancien et savoureux pour *Einhorn*, la licorne. La hampe de la crosse utilisée autrefois par les évêques de Vienne est une corne de licorne. Le fourreau et la garde de l'*Ainkhürn Schwert*, l'épée à la licorne, sont recouverts de plaques de corne de licorne, dont l'ivoire poli a jauni avec l'âge. Cette épée appartenait autrefois à Charles le Téméraire (1433-1477), le dernier duc régnant de Bourgogne. Même le sceptre des Habsbourg, symbole de leur puissance et de leur autorité impériales, créé en 1612 pour l'empereur Mathias II par l'un des plus grands ouvriers de l'époque, Andreas Osenbruck de Prague, est fait d'une corne d'*Ainkhürn*, entourée de gros diamants, rubis, saphirs et émeraudes. Une unique corne torsadée de 6,25 cm d'épaisseur à la base et d'un peu plus de 1,80 m de haut, dressée sur une base en bois sombre et retenue par des griffes de métal, porte cette simple indication : *Das Ainkhürn*. Elle aussi appartenait autrefois à la maison de Bourgogne et faisait partie de la dot apportée à Vienne par Marie de Bourgogne, lorsqu'elle a épousé l'empereur Maximilien Iᵉʳ, en 1477. Alors que je la regarde, au printemps 1989, une famille française passe par là et un petit garçon demande : « Qu'est-ce que c'est, Papa ? », et sans une seconde d'hésitation le père répond : « C'est une corne de licorne. »

En réalité, c'est la corne d'un narval, cette petite baleine de l'Arctique que l'auteur et explorateur américain Ivan T. Sanderson a appelé « ... le plus extraordinaire de tous les mammifères vivants ». Toutes les cornes d'*Ainkhürn* de la collection des Habsbourg sont des cornes de narval, comme le sont presque toutes les « cornes de licorne » des trésors, palais et musées du monde : la « Corne de Windsor » que la reine Élisabeth Iʳᵉ évaluait à 10 000 £, une somme grâce à laquelle, dans la Grande-Bretagne du XVIᵉ siècle, on pouvait acheter une propriété avec son château ; les trois « cornes de licorne » des doges de Venise, qui font actuellement partie du trésor de la basilique Saint-Marc ; les cornes qui composent le « trône aux licornes » des rois du Danemark et, au Japon, chez le prince Takamatsu, les cornes de licorne croisées du vestibule de son palais de Korinkaku. Le narval des lointaines mers arctiques était le principal, bien qu'anonyme, parent de la licorne. Mais, alors que la licorne est restée célèbre

Ci-dessus : *parce que ce goéland est grand et autoritaire, les baleiniers l'ont appelé « bourgmestre », nom qui lui est resté. C'est le plus grand des goélands du Grand Nord. Il est d'un blanc pur avec un manteau gris pâle.*

Ci-contre : *le détroit de Lancaster au début de l'été. Dans le nord du Canada c'est la région la plus riche en mammifères marins. Environ 19 000 narvals franchissent ce détroit dans leurs migrations du printemps et de l'automne.*

pendant au moins 4 000 ans, le narval à la défense d'ivoire nageait bien loin des connaissances de l'humanité. Le naturaliste américain Barry Lopez notait en 1986 : « Nous en connaissons plus sur les anneaux de Saturne que sur les narvals. »

La magnifique et mystérieuse licorne a inspiré la pensée humaine et l'art, comme aucun autre animal, réel ou imaginaire. Albrecht Dürer et Léonard de Vinci l'ont peinte. Raphaël a fait le tableau d'une très belle dame tenant une petite licorne dans ses bras. Le sculpteur et orfèvre florentin Benvenuto Cellini l'a coulée dans l'or. Les six tapisseries de *La Dame à la licorne* figurent parmi les plus célèbres mille-fleurs jamais tissées. Depuis 1882, elles sont conservées au Musée de Cluny, à Paris, devenu le Musée national du Moyen Âge. Elles se trouvaient auparavant au château de Boussac où elles ont été découvertes par George Sand et Prosper Mérimée. Puissante et pure, la licorne était un symbole médiéval du Christ. Albert le Grand, le plus célèbre prêtre érudit du XIIIe siècle, a écrit : « La licorne est le Christ dont la puissance, typifiée par sa corne, est irrésistible. »

On disait que cette corne magique guérissait toutes les maladies, de la fièvre à la peste. Près de Paris, la grande corne de licorne de Saint-Denis (une défense de narval de 3,40 m pesant près de 7 kg) se dressait dans un bassin de marbre rempli d'eau. Tous les malades qui s'assemblaient au célèbre monastère buvaient de cette eau, pensant qu'elle les guérirait. Pendant des milliers d'années, on a été également convaincu que la corne de licorne pouvait détecter et neutraliser le poison. Les cornes faisaient donc partie des objets auxquels les princes et les potentats, souvent victimes des poisons, attachaient le plus de prix. Les couverts des rois de France étaient faits de corne de licorne, jusqu'à ce que la Révolution rende superflues de telles précautions. D'autres monarques dépensèrent des fortunes pour acquérir les précieuses cornes. Un prince allemand, le margrave de Bayreuth, paya « six cent mille rixdales » sa corne de licorne.

Le griffon et le basilic, le martichoras et le myrmécoleo, la chimère, le dragon, le phénix et le péryton — tout l'étrange et merveilleux bestiaire qui hantait les esprits médiévaux — ont sombré dans l'oubli. Ils se sont tous évanouis sauf la licorne, dont la magie nous séduit encore. Distante et magnifique, pure et éternelle, elle est l'incarnation des désirs et des aspirations de l'homme. Le poète allemand Rainer Maria Rilke a écrit à son sujet :

> Oh ! voici la bête qui n'a jamais existé.
> Par la vue ils ne la connaissaient pas encore,
> mais ils la chérissaient
> ....
> Et de son front poussait une corne,
> Une corne unique.

Le narval a, lui aussi, fasciné les poètes. Pablo Neruda, poète et diplomate chilien Prix Nobel de littérature, possédait une défense de narval et il a exalté la mystique beauté du narval et de la licorne : « La licorne terrestre vit pour toujours dans les tapisseries, éblouissante créature entourée de dames d'albâtre aux hautes coiffures, auréolée dans sa gloire par des oiseaux qui font vibrer ou flamboyer leur plumage brillant. Quant au narval, les monarques du Moyen Âge le considéraient comme un magnifique présent et s'envoyaient les uns aux autres des fragments de

À Vienne, l'élégante épée à la licorne, l'Ainkhürn Schwert, *est recouverte de plaques d'ivoire de narval. Elle a autrefois appartenu au duc Charles le Téméraire.* Kunsthistorisches Museum, Vienne

Esquisse d'une dame à la licorne par Léonard de Vinci, qui a aussi écrit un traité sur la façon de capturer les licornes. Ashmolean Museum, Oxford

En 1694, Pierre Pomet publie à Paris son Histoire des Drogues. *La licorne de mer, en haut, et le narval, en dessous, portent tous deux la même défense torsadée.*

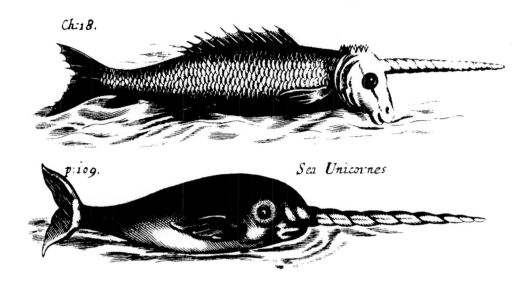

sa corne fabuleuse. On en grattait une poudre à laquelle, diluée dans les liqueurs, on octroyait — ô rêve éternel de l'homme ! — santé, jeunesse et virilité ! » Mais Neruda s'interroge : « Est-ce que le narval existe ? Est-il possible qu'une créature marine aussi extraordinaire, avec une lance de quatre ou cinq mètres de long sur le front... est-il possible qu'elle et sa légende, son nom merveilleux, passent inaperçus de millions d'êtres humains ? » Et il conclut : « La licorne de mer est enveloppée de mystère... avec son long glaive d'ivoire, submergée dans des océans inexplorés. »

Parce que le narval vivait dans les mers les plus inaccessibles de l'Arctique, l'association narval-licorne a pu devenir un des secrets commerciaux les mieux gardés de tous les temps. Les Inuit et les tribus qui habitaient les côtes nord de la Sibérie connaissaient le narval, mais, tout comme lui, ils étaient isolés du reste du monde. Les Vikings chassaient le narval et obtenaient aussi des défenses en commerçant avec les autochtones de l'Arctique. Ils vendaient ces défenses comme cornes de licorne et en disaient le moins possible sur leur origine réelle. Les intermédiaires, qui transportaient les cornes en Europe, au Proche-Orient, en Chine et au Japon, savaient rarement que ces cornes étaient les dents démesurément allongées d'une baleine arctique et, s'ils en avaient connaissance, ils gardaient l'information pour eux. Après tout, il était dans l'intérêt de tous de conserver la légende de la licorne. Au faîte de son prestige et de sa popularité, la corne de licorne valait dix fois son poids en or, et les souverains versaient pour les grandes cornes des montants qui se traduiraient aujourd'hui en millions de dollars. Pour la grande majorité des gens, l'existence d'un animal semblable à un cheval, portant sur son front une corne accomplissant des prodiges, attestée par Aristote, Pline et la Bible, paraissait infiniment plus crédible que celle d'une baleine dotée d'une défense en ivoire de 3 m de long. (Au début des années 1960, un mécanicien, nouveau venu dans l'Arctique, voit des Inuit tirer à terre un grand narval mâle. Il s'approche, regarde avec admiration la défense et déclare finalement : « Y a pas d'animal comme ça ! »)

Le voile du secret a été légèrement levé par les premiers explorateurs du Grand Nord, qui racontaient avoir vu des « licornes de mer » ou qui trouvaient leurs cornes sur le littoral arctique. L'existence d'une deuxième licorne, celle de la mer, créa une grande confusion. En 1553, l'explorateur anglais Richard Chancellor, qui cherchait le passage du Nord-Est, avait été grandement encouragé par la découverte d'une défense de narval sur le rivage russe de la mer Blanche. « Sachant que les licornes se reproduisent dans les landes de Cathay », il acquit la conviction que la Chine était proche. Son contemporain et rival, sir Humphrey Gilbert, un défenseur passionné du passage du Nord-Ouest, réfuta et ridiculisa l'affirmation de Chancellor. La corne, disait-il, ne peut avoir dérivé de la Chine à la mer Blanche, « car elle est de telle nature qu'elle ne peut flotter » et de plus, « il y a un poisson qui porte une seule corne sur le front, comme une licorne, et, en conséquence, il est bien difficile de savoir d'où elle vient et s'il s'agit d'une corne de licorne, oui ou non ».

Ce n'est qu'au XIXe siècle que des explorateurs, suivis de près par des baleiniers, firent une brèche dans la « banquise du milieu ». Cette puissante barrière de glace, située dans le détroit de Davis, entre la terre de Baffin et le Groenland, protégeait la baie de Baffin et les détroits adjacents, les passages et les passes, sanctuaires de la plupart des narvals du monde. Avec la fin des guerres napoléoniennes, la marine britannique disposait de bateaux et de marins et, poussée par sir Joseph Banks, président de la prestigieuse Royal Society, elle reprit la recherche du passage du Nord-Ouest, le Saint-Graal des explorations arctiques. Au printemps 1818, deux vaisseaux commandés par le capitaine John Ross et le lieutenant William Edward Parry mirent le cap sur le Groenland. Parmi les présents qu'ils transportaient pour les autochtones qu'ils pourraient rencontrer se trouvaient 15 livres de peinture vermillon, 102 livres de tabac à priser, 13 caisses de verroterie et de coquilles de porcelaines et 40 parapluies. Ross enfonça son navire dans la « banquise du milieu » et déboucha dans les eaux du Nord, la plus grande polynie de l'Arctique, une zone marine qui ne gèle jamais par suite de forts courants et de remontées d'eau profonde. Cette mer était pleine de vie. John Ross vit « des myriades… de mergules nains, nageant dans l'eau, avec un grand nombre de baleines [boréales] et de licornes de mer… Ces baleines sont non seulement nombreuses, mais, n'ayant jamais été dérangées, elles sont familières et faciles à approcher ».

Le 8 août 1818, dans la baie nordique de Melville, Ross aperçut des hommes sur la mer. Il découvrait les Inuit polaires, un peuple qui ne comptait à ce moment-là que 200 personnes environ, si totalement isolés pendant de nombreux siècles « que nous les avons trouvés ignorant… qu'il existait d'autres peuples dans le monde qu'eux-mêmes ou d'autres lieux que celui qu'ils occupaient ». La graisse et la viande de phoque et de narval constituaient leur principale nourriture, et comme ils manquaient de bois, les défenses de narval étaient pour eux d'une importance vitale. Ross leur donna des cadeaux et reçut en retour « une lance faite de la corne d'une licorne de mer… et un traîneau fait principalement d'os de phoque, assemblés avec des lanières en peau de phoque ; les patins… en étant faits de cornes de licorne de mer ». Ross navigua à la recherche du passage du Nord-Ouest, mais lorsqu'il le trouva, trompé par un de ces mirages si communs en Arctique, il pensa que l'entrée du détroit de Lancaster était barrée par des montagnes et il repartit pour Londres.

Parry, qui n'avait pas vu les montagnes du mirage, y retourna l'année suivante, se battit contre une glace épaisse et déboucha soudainement dans les eaux

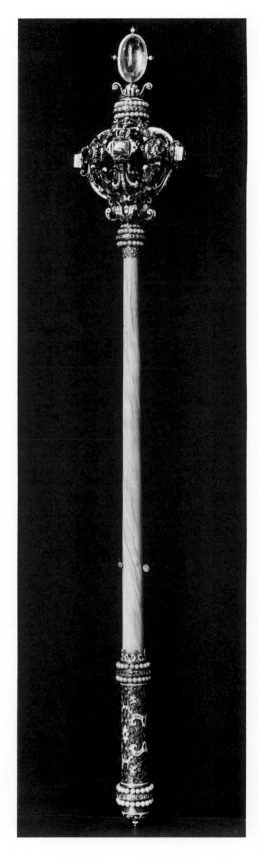

Le magnifique sceptre des Habsbourg est fait d'une défense de narval.
Kunsthistorisches Museum, Vienne

Parce que l'on était convaincu que la corne de licorne décelait et neutralisait le poison, les hanaps des princes, susceptibles d'être empoisonnés, en étaient faits.
Kunsthistorisches Museum, Vienne

relativement libres de glace du détroit de Lancaster. Il fut étonné et enchanté : il avait découvert un éden arctique, « le quartier général des baleines ». Des baleines boréales géantes flânaient paresseusement dans les eaux noires. Le 30 juillet, Parry et son équipage en comptèrent 89. « Des chevaux de mer [des morses] stupidement familiers » étaient couchés, « serrés les uns contre les autres comme des porcs ». Des ours blancs déambulaient nonchalamment à travers les glaces flottantes. Des baleines blanches « nageaient en grand nombre autour des bateaux » avec « des cris aigus, retentissants, assez semblables aux sons de verres musicaux mal joués ». Des narvals lisses, « appelés licornes de mer par les marins », bondissaient de la mer. L'éden, toutefois, fut vite souillé. Le 11 août, les marins « réussissaient à harponner un narval » et Parry nota fièrement qu'« ainsi, un nouveau et vaste domaine a été ouvert pour l'une des branches les plus lucratives de notre commerce ».

Pour les baleiniers, la baleine boréale était la baleine idéale. Lente, timide et très grasse, elle avait dans sa bouche une tonne ou plus de fanons, valant à une période 6 $ la livre. Avant le temps du plastique, les fanons — faits d'une substance kératineuse solide et élastique — avaient de nombreux usages. Effilochés et colorés, on en faisait des panaches pour les casques des chevaliers, ou l'on s'en servait pour rembourrer chaises et coussins. On en fabriquait des baguettes de fusil, des cannes à pêche, des baleines de parapluie et des ressorts pour les premières machines à écrire. Mais, plus important encore, on avait besoin de ces « os de baleine » pour les corsets des femmes et les vertugadins de leurs volumineuses jupes. Le poète Alexander Pope (1688-1744) disait des dames d'alors qu'elles étaient « enraidies par des vertugadins et armées de côtes de baleine ». Les fanons avaient une telle valeur qu'à une époque, une seule baleine boréale pouvait payer le coût d'une expédition de deux années de chasse à la baleine. Cent ans après la découverte par Parry de leur retraite estivale du haut Arctique, les grandes baleines avaient été chassées jusqu'aux limites de l'extinction. De nos jours, après 70 années de protection, seules quelque 300 baleines boréales survivent dans tout l'est de l'Arctique, une zone marine plusieurs fois grande comme la France.

Le narval était plus petit, plus rapide, plus discret et de moindre valeur que la baleine boréale. Pour les baleiniers, c'était une proie fortuite, mais les narvals annonçaient l'arrivée des baleines boréales. Au début de l'été, lorsque les phoques du Groenland, les baleines boréales et les narvals nageaient vers le Nord — déplacements faisant partie d'une migration annuelle complexe qui n'a été comprise et cartographiée que récemment —, ils dépassaient souvent explorateurs et baleiniers. Robert Peary, en route vers le pôle Nord, a admiré « une troupe de narvals louvoyant, leur longue corne blanche étincelant hors de l'eau en cadence régulière, pulvérisant l'écume des vagues de leur front renflé de l'avant ».

Le 1er juillet 1866, Charles Edward Smith, médecin à bord du baleinier britannique *Diana*, écrivit dans son journal : « Aujourd'hui, des milliers de narvals ont dépassé le navire, se dirigeant tous vers le détroit [de Lancaster] en petites troupes. Le capitaine m'a dit qu'ils apparaissent toujours ici, à cette époque, et que ce sont de bons annonciateurs des baleines [boréales], celles-ci survenant immédiatement derrière les narvals. » Les baleiniers, qui appelaient les narvals « unicornes » ou « licornes », avaient un dicton : « Après les phoques, les unicornes et après les licornes, les baleines. » Au XIXe siècle, pour les peuples

Un inukshuk, *un ancien repère construit*
par les Inuit, domine une falaise qui donne
sur le détroit d'Hudson.

« Les narvals sont des animaux rapides, actifs, inoffensifs... »

— WILLIAM SCORESBY, baleinier et scientifique anglais (1820)

d'Europe et d'Amérique, la chasse à la baleine était lucrative, héroïque et romantique, tout comme la guerre. Henry Wadsworth Longfellow a saisi cet esprit à la perfection dans un poème consacré à l'Arctique :

Là, nous chassions le morse, le narval et le phoque.
Ah! c'était un jeu noble :
Et comme la flamme des éclairs
Volaient nos harpons d'acier.

La plupart des narvals se dirigent vers le détroit de Lancaster. À la fin de juin ou au début de juillet, 15 000 y migrent pour quelques jours ; 2 000 autres se rassemblent près de l'entrée, obstruée par la glace, de la passe de Pond séparant l'île Bylot et la terre de Baffin. Ils attendent impatiemment la débâcle des glaces pour trouver leur refuge estival dans une baie éloignée, s'enfonçant à plus de 160 km à l'intérieur des terres, que les Inuit ont baptisée Koluktoo, « la baie des chutes d'eau ». Mais avant qu'ils puissent l'atteindre, les narvals doivent affronter les embûches mortelles des chasseurs inuit et des orques.

Fin juin, écrivait l'auteur et explorateur Peter Freuchen qui se trouvait dans la région de Pond Inlet en 1924, les Inuit s'assemblent à Button Point, dans l'île Bylot, « attendant le grand événement de leur année — le jour où les narvals viennent vers la terre ». Au même moment, « chaque année, une troupe d'orques apparaît... et lorsqu'elles arrivent, les narvals s'enfuient dans les chenaux ». À la limite des glaces, les orques aux ailerons dorsaux élevés, qui répugnent à s'engager dans les glaces, « montent la garde, évoluant de la surface vers le fond ». Les narvals en fuite, nageant dans les étroits chenaux d'eau libre, sont des proies faciles pour les chasseurs inuit. « Et alors, dit Freuchen, des centaines de narvals sont habituellement tués chaque année par les autochtones. »

Dans les eaux libres, les puissantes orques chassent les infortunés narvals à une vitesse implacable, avec une précision militaire. Le 30 août 1980, le scientifique Hermann Steltner, qui a résidé longtemps au village de Pond Inlet, a observé une de ces attaques à bord d'un bateau, dans le détroit d'Éclipse. À 15 h 45, sa femme et lui ont vu plusieurs groupes de narvals « en pleine déroute... et une grande troupe d'orques se déplaçant... encore plus vite... dans le flamboiement du blanc de leur ventre et des taches entourant leurs yeux ». La troupe en chasse comprenait de 30 à 40 grandes orques et « on pouvait entendre les cris perçants des baleines... lorsque les orques ont passé droit au travers des bandes de narvals ». Les chasseurs se sont partagés en plusieurs groupes et à 17 h 05, « les narvals [environ 200] étaient complètement encerclés par les orques... Soudain, tous les bruits de respiration ont cessé et le calme s'est fait ». À 17 h 14, « les orques se sont lancées à l'attaque... les baleines battaient les eaux qui devenaient d'un blanc mousseux. À un moment donné, on voyait un narval roulant de côté à la surface, la bouche ouverte, poussant des cris suraigus ».

Les narvals en fuite suivent la glace qui recule à travers le détroit d'Éclipse, au-delà des sombres falaises qui font face à la passe de Milne, et débouchent habituellement au début d'août dans la baie de Koluktoo, où les eaux de fonte tombent du flanc noir des montagnes, en dentelles de chutes d'eau déchirées par le vent. Là, en 1965, j'ai passé six épuisantes semaines avec Brian Beck et David Robb, deux techniciens de la station biologique de l'Arctique canadien.

Bataillant contre la glace et les tempêtes, nous avons tendu des filets, capturé et disséqué des narvals, recueilli des données, et mis en cache des monceaux de viande et de graisse pour les Inuit de Pond Inlet. Arthur Mansfield, un des éminents spécialistes canadiens des mammifères marins, était l'instigateur de cette étude destinée à comprendre un peu mieux cette petite baleine.

Tout autour de nous, dans la baie de Koluktoo, on trouvait les traces des chasseurs d'autrefois : maisons en ruine, couvertes de plantes, des Inuit de la culture de Thulé, qui se servaient des os des baleines boréales pour construire leurs lieux de séjour ; outils brisés dont beaucoup étaient faits de défenses de narval ; et sur la plage, os de grandes baleines, devenus gris avec le temps, protégeant du vent des bouquets de plantes qui profitent des éléments nutritifs des os en décomposition. Même les pierres qui retenaient nos tentes avaient été utilisées pendant des centaines, peut-être des milliers d'années, pour retenir les tentes en peau de phoque des Inuit chasseurs de narvals, sur cette même plage balayée par les tempêtes. Nos tentes étaient érigées avec des mâts en aluminium, les leurs l'étaient avec des mâts faits de défenses de narval. Dans l'eau verte transparente, nous avons disposé nos filets géants, murs mortels aux mailles de nylon de 45 cm de côté, puis nous avons passé des journées et des nuits frénétiques, filant dans nos canots parmi les vagues et les tempêtes, surveillant nos filets pour qu'ils ne soient pas déchirés par les champs de glace poussés par le vent.

Le 19 août, par une rare belle journée, les narvals sont arrivés dans la baie de Koluktoo. L'air s'est soudain rempli des « pouf, pouf, pouf » explosifs produits par la respiration des baleines, de cris perçants et aigus, comme des ballons que l'on aurait frottés ensemble, de gémissements et de grognements, et parfois d'une note de contrebasse, profonde et mélancolique, étirée et infiniment triste. Par groupes de cinq à vingt, les baleines nageaient au loin dans la baie. Ce jour-là, quelques-unes se sont égarées près de la côte et ont péri dans nos filets.

Nous avons capturé 17 narvals, une aubaine pour les Inuit de la région, qui sont venus les recueillir en bateau. (Lorsque je suis retourné à la baie de Koluktoo, 23 ans plus tard, un Inuk dans la quarantaine a ri et m'a dit : « Oh ! oui. Je me rappelle quand tu étais ici. C'est l'année où nous avons eu tellement de nourriture ! ») Presque tous les jours il faisait tempête et nous étions sales, mouillés et fatigués. Juste avant notre départ, le temps a changé ; est alors survenue une de ces calmes et rares journées où l'Arctique est sublime : les champs de glace sont dorés et le ciel déploie un réseau de nuages violets. Une grande paix a empli la terre et la mer. Nous avons entendu le souffle sonore d'un narval faisant surface. Un grand mâle se dirigeait droit sur le filet le plus proche de notre camp. David et moi, nous avons bondi jusque-là. Pour une fois, la baie était calme, d'un bronze sombre dans les derniers reflets du soleil couchant. Quand nous avons atteint la falaise surplombant le filet, le narval est arrivé et commença alors, dans les eaux noires et profondes, sa bataille silencieuse et désespérée pour la vie. Les grands flotteurs en mousse de polystyrène exécutèrent sur l'eau une danse macabre, dessinant des cercles concentriques à la surface de la mer tranquille. Après 15 minutes, des bulles scintillantes ont perlé en gerbe à la surface, y restant un instant, pour éclater et disparaître. La licorne de mer était morte et nous sommes revenus au camp, silencieux et pensifs.

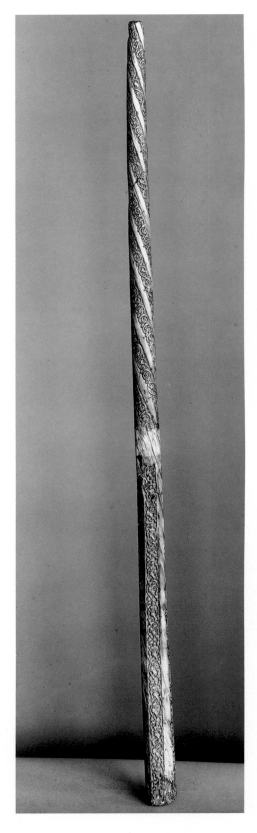

Cette défense de narval magnifiquement sculptée se trouve à Londres, au Victoria and Albert Museum. Amabilité du conseil d'administration du Victoria and Albert Museum

La côte rude de l'île Bylot au printemps. En juin, la glace se fend, des chenaux s'ouvrent et les narvals nagent vers la baie de Koluktoo où ils passeront l'été.

À L'AUBE,
EN CHINE

On dit que Huangdi, le légendaire « Empereur jaune » de la Chine, a régné cent ans, de 2697 à 2597 avant notre ère. Il a uni la Chine, construit son premier grand palais et établi un calendrier. Sa femme, l'impératrice Si Ling-chi, a inventé la sériciculture, l'élevage des vers à soie, pour produire la célèbre soie de Chine. Comme il sied à un règne aussi bénéfique, il a été inauguré avec la première apparition consignée d'une licorne. Les chroniqueurs chinois disent qu'en 2697 avant notre ère, l'année de la naissance de l'empereur, une *k'i-lin*, une « grande licorne », a cheminé majestueusement dans le manoir impérial, en a parcouru les salles, puis a disparu.

La licorne chinoise avait un corps de cerf, des sabots de cheval et la queue d'un boeuf. Contrairement aux licornes occidentales, presque toujours d'un blanc pur, la licorne chinoise avait un pelage de cinq couleurs. Une corne de 3,50 m de long se dressait sur son front, couleur de flamme. Extrêmement puissante, elle était pourtant calme, sage et noble. Le poète argentin Jorge Luis Borges a écrit : « [La licorne chinoise] est si gentille, qu'elle marche en faisant attention de ne pas poser le pied sur la plus petite créature vivante et ne mange même pas de l'herbe verte, mais seulement ce qui est mort ».

Des quatre animaux chinois de bon augure — la licorne, le dragon, le phénix et la tortue — la licorne était la plus favorable. Son apparition subite prédisait la naissance d'un grand et juste souverain ou d'une personne de grand mérite. (En signe d'espoir, les épousées chinoises portaient traditionnellement des images de licorne.) Au VIe siècle avant notre ère, selon la légende, une jeune femme du nom de Yen Chen-tsai marchait dans son jardin quand soudain une licorne y entra. L'animal plia les genoux devant elle et lui donna la tablette de jade qu'il tenait dans sa bouche. Il y était écrit :

> Fils du cristal de la montagne
> Quand la dynastie s'écroulera,
> Tu gouverneras comme un roi sans trône.

Peu après, naissait son fils, Confucius, qui fut le plus grand sage de la Chine, le « roi sans trône ».

La corne de licorne était dénommée *ku-tu-si* (ou *tu-na-si*). La plupart des cornes étaient des défenses de narval et, comme en Occident, la croyance était largement répandue qu'elles pouvaient guérir la plupart des maladies et déceler et neutraliser le poison. Li Shih-chen, un auteur du IVe siècle, enseignait que « la corne [de licorne] est un guide sûr pour informer de la présence de poison :

Ci-dessus : *en 1900, on a trouvé presque intact, en Sibérie, le célèbre mammouth Berezovka, qui se trouve maintenant au musée de Saint-Pétersbourg.*

Ci-contre : *ancienne ville d'Asie centrale, Samarkand était une plaque tournante pour le commerce de la soie et de l'ivoire, de la Chine vers le Proche-Orient, et pour le commerce de l'ivoire, de l'Arctique vers les pays arabes. Elle était aussi la somptueuse capitale de Tamerlan, enseveli sous le dôme majestueux du Gur-Emir.*

quand des médecines liquides empoisonnées sont brassées avec une corne, une écume blanche en sort à gros bouillons et aucun autre essai n'est nécessaire ».

En Chine, la corne de licorne n'était pas la seule substance qui pouvait combattre le poison ; les guérisseurs utilisaient aussi le corps spiralé d'un ancien serpent. En réalité, d'après le célèbre orientaliste Berthold Laufer, ce serpent n'était autre qu'une défense de narval : « Le serpent vieux de milliers d'années [de la pharmacopée chinoise] n'est rien qu'une [défense] fossilisée de narval, que l'on trouve sur les côtes nord de la Sibérie, particulièrement dans la vallée du Kolyma. »

De Chine, la licorne et sa légende (et peut-être certaines de ses cornes) sont passées au Japon. L'historien d'art allemand A. Brockhaus note, dans sa monographie sur les *netsuke*, les barrettes merveilleusement ciselées des kimonos, que plusieurs étaient faites d'ivoire de narval. « Au Moyen Âge, écrit-il, [la défense de narval] était prise au Japon pour la corne de la licorne, considérée comme un antidote infaillible contre le poison et payée plus cher que l'or. »

Le célèbre voyageur occidental qui a réellement vu une « licorne » asiatique est le vénitien Marco Polo (1254-1324). Il rapporte que dans l'île de Sumatra (qui fait maintenant partie de l'Indonésie), « il y a de nombreux éléphants et licornes sauvages, ces dernières beaucoup plus petites que les éléphants mais avec un pied semblable... Au milieu de leur front, elles ont une corne unique. Leur tête est comme celle d'un sanglier et elles la tiennent baissée, tournée vers le sol. Elles se complaisent dans les mares de boue et leurs habitudes sont dégoûtantes. Elles ne ressemblent pas du tout à ces [licornes] dont on dit qu'elles permettent aux jeunes filles de les prendre, mais sont d'une nature tout à fait opposée ».

La licorne que Marco Polo décrit avec assez de précision est le rhinocéros unicorne de Sumatra, devenu rare de nos jours (il en reste environ 500). Il est en voie d'extinction, comme toutes les autres espèces de rhinocéros, parce que sa corne est encore recherchée par les Chinois comme remède universel, par les Japonais comme aphrodisiaque et par les Yéménites comme poignée pour leurs *jambiyyas*, ces beaux poignards ciselés que portent la plupart des hommes. En 1981, la corne de rhinocéros se vendait 450 $ les 30 g dans les pharmacies de Macao, petite colonie portugaise sur la côte sud de la Chine. En 1984, à Mandalay, en Birmanie, la corne de rhinocéros coûtait 20 000 $ le kilogramme. Même l'urine de rhinocéros est précieuse. Certains zoos d'Asie la recueillent et la vendent : on la boit en croyant qu'elle guérit les maux de gorge et protège des attaques d'asthme. Les mythes de la licorne et du rhinocéros sont souvent amalgamés ; les qualités prodigieuses de l'une sont attribuées à l'autre. Et de nos jours, les rhinocéros meurent, victimes d'une ancienne légende.

La confusion se mêle au savoir concernant la licorne, parce que celle-ci est réellement un animal composite, une créature ayant plusieurs parents. L'oryx, une antilope d'Afrique et de certaines parties de l'Asie, est l'un d'eux. On le représentait souvent en silhouette, ce qui le faisait apparaître comme s'il n'avait qu'une seule corne annelée (mais non torsadée). En 1656, le frère carme Vincenzo Maria a vu des oryx à Muscat, « grands comme des cerfs, semblables à eux en forme mais... ils sont d'un blanc pur... Je crois que ces créatures sont celles décrites par certains auteurs comme les licornes, dont on a trouvé certaines, dans les temps anciens, à La Mecque... ».

L'infortuné rhinocéros est un autre de ces parents. On croyait que sa corne avait

« ... les licornes se reproduisent au pays de Cathay. »

— RICHARD CHANCELLOR, explorateur anglais de l'Arctique (1553)

Une scène de chasse à la baleine au Spitzberg, parue à Londres en 1705. Les équipages tuent des baleines boréales et les remorquent. Une « licorne de mer » est allongée sur les hauts-fonds et un morse sur le rivage. Archives nationales du Canada/C 27579

les mêmes propriétés contre le poison que celle de la licorne, et depuis la plus haute antiquité, les cornes de rhinocéros, magnifiquement baguées d'or, étaient utilisées par les princes indiens et les nobles chinois comme vases à boire à l'épreuve du poison. Aelian, l'auteur romain du *De Animalium Natura*, une collection d'histoires d'animaux datant du IIᵉ siècle, écrit que les rois indiens buvaient dans des vases en « corne de licorne » et qu'ils « décoraient la corne avec des anneaux d'or espacés ». Si un liquide empoisonné était versé dans de tels gobelets, la corne, disait-on, se mettait à transsuder et à changer de couleur. Quelques-unes de ces « coupes d'essai », comme on les appelait, ont fait route vers l'Occident. L'empereur du Saint Empire romain germanique, Rodolphe II (1552-1612), possédait une « coupe de licorne », faite dans une corne de rhinocéros. Elle se trouve maintenant au musée national de Copenhague.

Et, finalement, il y avait l'indéniable existence de la défense torsadée du narval arctique : même si son origine réelle était soigneusement gardée secrète, tout le monde pensait qu'elle était la corne de l'*unicornum verum*, « la véritable licorne ».

Les Chinois, bien entendu, connaissaient le rhinocéros et appréciaient sa corne, mais pas autant que la *ku-tu-si*, la corne infiniment plus précieuse de la très

De grands glaciers débouchent dans le fjord d'Alexandra,
dans la terre d'Ellesmere où, il y a longtemps, les Inuit de
la culture de Thulé chassaient les narvals.

Sculptés par le vent et les vagues, des icebergs dérivent au large de la côte de la terre de Baffin.

Une baleine blanche se roule et s'éclabousse sur les hauts-fonds, probablement pour gratter des démangeaisons en se frottant la peau sur les rochers.

rare licorne. En 166, la première ambassade romaine envoyée en Chine par l'empereur Marc Aurèle s'arrêta dans le sud de l'Inde et y acheta, en guise de présents, des défenses d'éléphant, des cornes de rhinocéros et des carapaces de tortue, objets d'une immense valeur à Rome. En Chine, où l'ivoire le plus apprécié venait du Nord, ces cadeaux furent regardés comme bon marché et communs, et en conséquence, l'ambassade romaine guère bien accueillie.

La relation entre la licorne et le narval se compliquait aussi du fait que les routes commerciales des défenses de narval étaient les mêmes que celles qui apportaient en Chine et au Proche-Orient défenses de morse et ivoire de mammouth. Autrefois, les narvals étaient communs dans les mers arctiques au nord de la Sibérie et de la Russie d'Europe. En 1895, l'explorateur norvégien Fridtjof Nansen, se dirigeant en traîneau vers le pôle Nord, s'est malencontreusement heurté à la débâcle des glaces, à 83° de latitude nord. Il « a trouvé les passages des alentours emplis de narvals ». Les autochtones arctiques chassaient les morses, de la mer Blanche à la péninsule sibérienne du Kamtchatka. Les os et les défenses des mammouths étaient si communs en Sibérie que la Grande Catherine de Russie (1729-1796) exprima à plusieurs reprises, dans sa correspondance avec Voltaire, l'espoir que l'on trouve un jour un mammouth vivant. Elle envoya une expédition, mais après neuf années de recherche, Martin Sauer rapportait que « l'on trouve des défenses de mammouth aux alentours des fleuves sibériens, le long des rivages de l'océan Glacial, et dispersées à travers tous les bas-fonds arctiques ». Mais il concluait, à regret : « Il apparaît que l'animal est éteint. »

La plus importante concentration de défenses de mammouth se trouvait dans une zone désertique, balayée par le vent, des îles de Nouvelle-Sibérie. Là, en 1809, l'explorateur suédois Hedenström a vu « dans l'espace d'une verste (1 067 mètres), dix défenses d'éléphant [mammouth] dressées dans le sable et le gravier... et, après un violent coup de vent, un grand banc de sable est apparu couvert de défenses ». Dans les mêmes îles, l'arpenteur russe Chvoinoff a trouvé, en 1775, des masses de défenses de mammouth et beaucoup de « longs... os en forme de vis », des défenses de narval. Hedenström, lui aussi, a vu « trois narvals... pris dans la glace... à l'embouchure du Yana », un fleuve de Sibérie.

Les Chinois appelaient le mammouth *yin shu*, « la taupe géante », car ils croyaient qu'il s'agissait d'un rongeur souterrain qui avait péri en venant à la surface. Comme dans bien des légendes, il y avait quelque vérité dans cette croyance. De temps en temps, des mammouths entiers, conservés dans le sol gelé, étaient trouvés en Sibérie ; ils émergeaient du pergélisol, morts, bien entendu. Depuis le IVe siècle avant notre ère, au moins, plus de la moitié de l'ivoire utilisé en Chine provenait des impérissables défenses de mammouth (environ 7 000 tonnes, l'ivoire de 50 000 mammouths, dans les 350 dernières années seulement). (Il en reste encore beaucoup. Antony J. Sutcliffe, conservateur des mammifères du Pléistocène au British Museum, écrivait en 1985 qu'environ 555 000 tonnes d'ivoire de mammouth sont encore ensevelies le long des quelque 950 km de côte, entre les fleuves Yana et Kolyma. C'est aussi la région dans laquelle on trouvait autrefois le plus de défenses de narval.)

Le Nord détenait donc trois sortes d'ivoire — de morse, de mammouth et de narval — qui valait des fortunes dans le riche Sud. L'ivoire atteignait

« **La destination finale de l'ivoire [de narval] est la Chine, où il est utilisé... en médecine, et pour fabriquer des gobelets qui sont censés absorber tous les poisons qu'on y verse.** »

— A.P. LOW, géologue et explorateur canadien (1903)

« ... trois narvals étaient pris dans la glace près de la côte, à l'embouchure du Yana, en Sibérie. »

— R. HEDENSTRÖM, explorateur suédois en Sibérie (1809)

les lucratifs marchés de la Chine et du Proche-Orient par quatre routes commerciales principales, utilisées depuis l'antiquité.

La première de ces routes conduisait de Bagdad à Samarkand, ville d'Asie centrale qu'Alexandre le Grand connaissait sous le nom de Maracanda, et gagnait ensuite la ville ancienne de Novgorod, sur le lac Ilmen (au sud-est de Saint-Pétersbourg). Plusieurs villes russes tenaient des foires annuelles de fourrures, la plus célèbre étant celle de Novgorod. Les fourrures — hermine lustrée, vair soyeux et peaux d'ours blanc — ainsi que l'ivoire arctique, mis en vente à la foire, rejoignaient habituellement le Proche-Orient par l'entremise de Bulgares (ou Bolgars), peuple turc établi sur le cours inférieur de la Volga (le nom « Volga » est dérivé de « Bolgar »). Mais certains commerçants entreprenants faisaient toute la route, de Bagdad à la foire de Novgorod, avec des attelages de chiens et des chameaux. Le diplomate et marchand arabe Ibn Fadlan, qui avait visité Novgorod pendant l'hiver 922, rapportait à son maître, le calife de Bagdad, que les autochtones du Grand Nord venaient à la foire avec des fourrures et de l'ivoire « sur des planches de huit ou neuf aunes de long » : des skis !

Par la deuxième route, décrite par l'explorateur et écrivain arabe du XIVe siècle Ibn Batuta, les marchands allaient de la Perse jusque chez les Bolgars de la Volga inférieure, à travers la mer Caspienne, et de là, « dans de petites voitures tirées par des chiens », ils se rendaient en 40 jours au « pays de l'ombre », au nord du cercle arctique (probablement les régions de Perm ou de Pechoras, à l'ouest de l'Oural). Contre les fourrures et l'ivoire des populations arctiques, ils troquaient des lames d'acier « pour se lancer dans la noire mer » afin d'y harponner narvals et morses. C'est probablement par cette route que le tsar Boris Godounov (1551-1605) envoya une délégation en Perse pour y négocier une alliance contre les Turcs. Sept *rogozubi*, ancien nom russe des défenses de narval, constituaient son présent au shah Abbas le Grand. En contrepartie, le shah offrit au tsar un magnifique trône recouvert d'or, scintillant de 2 200 pierres précieuses et perles, que l'on peut toujours admirer dans les trésors fabuleux des tsars du palais des Armures, au Kremlin.

Beaucoup plus à l'est, la troisième route acheminait l'ivoire de morse, de narval et de mammouth, de la Sibérie à Khiva, ancienne ville d'Asie centrale sur l'Amou-Daria, au sud de la mer d'Aral. Khiva était renommée pour ses ivoiriers qui fabriquaient, avec l'ivoire arctique, de magnifiques poignées d'épée ou de dague et des ornements élégamment ciselés, vendus en Perse, à Bagdad et en Égypte. L'ivoire de narval et de morse provenait de la côte nord de la Sibérie, une région particulièrement riche en restes de mammouth. Les archéologues ont trouvé des vases d'argent, portant des inscriptions arabes du XIIe siècle, probablement échangés autrefois contre de l'ivoire arctique. (Au printemps 1989, lorsque ma femme et moi avons repris quelques-unes des anciennes routes de l'ivoire, nous n'avons pas eu de chance du tout à Boukhara et Samarkand. Le souvenir et toutes les traces du très ancien commerce de l'ivoire avaient disparu. Toutefois, à Khiva, un vieil homme se souvenait qu'au temps des caravansérails, la porte d'un palais était recouverte d'or, de corail et d'ivoire. Après une longue recherche, nous avons trouvé la porte. Depuis bien longtemps, l'or et le corail en avaient été arrachés et la plupart des plaquettes d'ivoire étaient parties, mais il en restait quelques-unes, brun foncé, sales et vieilles. Après les avoir nettoyées, j'ai identifié avec émotion leurs évidentes spires. Dans cette oasis perdue d'Asie centrale, elles avaient été ciselées, il y a plusieurs siècles, dans une défense de narval.)

La quatrième route — en réalité un réseau complexe de routes — acheminait l'ivoire arctique de la côte nord de la Sibérie et de la presqu'île des Tchouches jusqu'en Chine ; une branche s'étendait vers le nord-est en Alaska, au moins mille ans avant que Christophe Colomb ne découvre l'Amérique. L'ivoire était transporté de tribu en tribu par des attelages de chiens, des traîneaux tirés par des rennes, des chevaux de bât et des chameaux de Bactriane.

Presque tous les *ku-tu-si*, les défenses de narval métamorphosées en cornes de licorne, demeuraient en Chine. Les nobles, qui payaient le prix de leur rang élevé par la crainte constante d'être empoisonnés, achetaient ces cornes comme une sorte d'assurance sur la vie extrêmement onéreuse. De plus, les cornes de licorne étant considérées comme des objets sacrés, on en conservait plusieurs dans les temples. Mais quelques cornes, connues sous l'abréviation arabe de *khutu*, s'évadaient de Chine par ce long corridor de 6 500 km appelé Route de la soie, par lequel transitaient les produits de luxe. Par Samarkand et Boukhara, elles gagnaient Bagdad, Tyr, Constantinople et Alexandrie. « Les Égyptiens, écrit l'historien arabe al-Biruni (973-1048), désirent ardemment [les cornes de licorne parce que]... la proximité du poison les fait transsuder. » Le prix et la réputation de la corne de narval étaient d'autant plus grands qu'elle venait de plus loin. Lorsqu'une défense atteignait l'Égypte, disait al-Biruni, elle était « deux cents fois » plus chère qu'en Chine. Parfois, une pâle lueur de vérité éclairait les fantastiques histoires qui entouraient les cornes de licorne. Un dictionnaire turc-arabe de 1073 définit le *khutu* comme « la corne d'un poisson marin importé de Chine.... On en fabrique des manches de couteau. Grâce à elle, on décèle la présence de poison dans les aliments ».

En Chine et au Japon, on a cru en la licorne et en sa corne miraculeuse pendant des milliers d'années, même bien longtemps après que sa gloire se fut ternie en Occident. Car on avait fini par découvrir que la fameuse corne n'était que la défense d'une baleine arctique : son statut de trésor précieux de princes crédules avait alors été réduit à celui de canne de fantaisie pour la bourgeoisie. En plus des défenses de Sibérie, la Chine et surtout le Japon trouvèrent de nouvelles sources de cornes de licorne, le Groenland d'abord, et plus tard, l'Arctique canadien. Les intermédiaires étaient principalement des Hollandais.

Au XVIIᵉ siècle, les Hollandais étaient les plus fameux capitaines au long cours et Amsterdam le plus important port d'Europe et la ville la plus riche du monde. Les Hollandais possédaient la plus grande flotte baleinière au monde et cinglaient chaque année vers l'Arctique. Au grand mécontentement des Danois, qui revendiquaient le Groenland, les Hollandais commerçaient intensément avec les Inuit groenlandais et vendaient en Europe et au Japon leurs fourrures, leur huile de baleine et leurs défenses de narval. Ils commencèrent leur négoce avec le Japon en 1567, concurrencés par les Espagnols et les Portugais. Mais en 1637, le gouvernement japonais de plus en plus xénophobe bannit tous les étrangers, à l'exception des marchands hollandais qui furent confinés dans l'île de De-Jima, dans le port de Nagasaki. Les Hollandais apportaient au Japon, riche mais isolé, du verre et des miroirs, du camphre, des lunettes, des indiennes, des montres et des « cornes de licorne ».

Le commerce extrêmement lucratif des cornes de licorne commença vers la fin

« Les Japonais ont une opinion extravagante des vertus médicinales [de la corne de licorne] et de son pouvoir pour prolonger la vie, fortifier les esprits animaux, aider la mémoire et guérir de tous les maux. »

— CHARLES PETER THUNBERG, botaniste et voyageur anglais (1775)

On a longtemps pensé que la défense de narval était surtout le symbole du mâle ; on y
voit maintenant une arme que les mâles
utilisent dans leur bataille pour la domina-
tion. Flip Nicklin

Un narval mâle doté d'une défense sur un rivage arctique.

L'évêque suédois Olaus Magnus montre une féroce « licorne de mer » sur une carte publiée à Venise en 1539.

du XVIIIe siècle, quand un marchand apporta au Japon une collection de curiosités qui comprenait une défense de narval du Groenland. Les Japonais furent enchantés : enfin, une véritable corne de licorne ! Ils la payèrent un tel prix que l'heureux commerçant hollandais prit sa retraite, riche pour le reste de ses jours. Les Japonais, notait le botaniste et voyageur anglais Charles Peter Thunberg, qui a visité Nagasaki en 1775, « ont une opinion extravagante des vertus médicinales [de la corne de licorne] et de son pouvoir pour prolonger la vie, fortifier les esprits animaux, aider la mémoire et guérir de tous les maux ». Les Inuit, au point de départ de cette extraordinaire route commerciale, apprirent vite que, parmi tout ce que leur terre et leur mer pouvaient produire, c'étaient les défenses de narval que les commerçants blancs désiraient le plus. Le 7 juillet 1652, le *St. Peter*, un bateau danois, jeta l'ancre dans le fjord d'Itivdleq, sur la côte ouest du Groenland, et le capitaine nota dans son journal de navigation que des Inuit en kayak « s'approchèrent immédiatement en criant *tuacha*, qui veut dire licorne... » (*tûgaq* est le mot en groenlandais moderne pour « défense de narval »).

La demande orientale en cornes de licorne s'est maintenue aux XIXe et XXe siècles. En 1868, le naturaliste britannique Robert Brown écrivait que « le prix de l'ivoire de narval... de ces dernières années... s'est accru considérablement par suite de la réparation des palais chinois ». En 1903, le géologue A.P. Low a conduit une expédition du gouvernement canadien à Pond Inlet, dans la terre de Baffin, et a trouvé que les défenses de narval étaient le principal article du commerce des Inuit. « La destination finale de l'ivoire [de narval] est la Chine, écrivait Low, où il est utilisé aussi bien pour l'ornementation que pour la médecine, et pour en fabriquer des gobelets qui sont censés absorber tous les poisons que l'on y verse. » Au XXe siècle, Pond Inlet devient le centre mondial de la chasse au narval. En 1923, le gérant de la Compagnie de la Baie d'Hudson à Pond Inlet écrivait à ses supérieurs : « L'industrie du narval s'est développée... presque à ses limites... On regarde cinq ou six cents narvals tout juste comme une année de chasse ordinaire. »

De nos jours, la demande de défenses et la chasse des narvals se maintiennent et les anciennes légendes persistent. En 1981, deux éminents spécialistes canadiens des mammifères marins, Edward Mitchell et Randall R. Reeves, rencontrèrent des obstacles dans leur recherche sur l'utilisation de l'ivoire de narval : les fournisseurs étaient peu disposés à leur donner des détails sur la façon dont ils obtenaient des défenses de narval et à qui ils les vendaient. Les deux chercheurs ont cependant découvert que de nombreuses défenses étaient expédiées au Japon. Là, « pulvérisé ou mis en copeaux, l'ivoire de narval était vendu comme une drogue merveilleuse, l'*ikkaku*... jusque dans les années 1950 ».

LE ROYAUME DU NARVAL

Trois espèces de baleines vivent dans les mers circumpolaires arctiques : la baleine boréale, géante, massive et placide, le béluga, d'un blanc aussi miroitant que la glace, et son proche cousin, l'insaisissable narval à la défense effilée.

La baleine boréale est un animal colossal et lourd, doté d'une tête gigantesque, d'une bouche de la taille d'un salon et d'une queue de plus de 7 m de large. Les adultes mesurent de 12 à 18 m de long et peuvent peser jusqu'à 60 tonnes. Pourtant, ils se nourrissent d'animaux si petits qu'ils doivent consommer journellement de 15 à 30 millions d'euphausiacés et de copépodes, semblables à des crevettes, ou de ptéropodes, petits escargots pélagiques à nageoires. En été, lorsque les mers arctiques grouillent de vie, les baleines nagent paresseusement dans ce bouillon et engouffrent du « brit », nom que les baleiniers donnent à ce mélange de crustacés et d'escargots. Quand sa bouche est pleine, la baleine pousse sa langue d'une tonne vers le haut : l'eau jaillit à travers ses fanons et le brouet d'animaux retenus est pressé vers l'arrière puis avalé. Au moins une tonne par jour en est ingurgitée ainsi.

Autrefois, on appelait « baleines franches » les baleines de l'Arctique, parce qu'elles étaient des proies idéales : lentes et timides, enveloppées de 30 tonnes de graisse, leur bouche caverneuse garnie de précieux fanons. Ces géantes aux manières douces ont été harponnées pendant des siècles jusqu'à ce qu'il n'en reste guère. Il en subsiste environ 300 dans l'immensité de l'est de l'Arctique et quelque 5 000 dans l'ouest.

Un soir tard, j'ai observé leur migration automnale d'une colline de l'île Herschel, dans la mer canadienne de Beaufort, autrefois quartier général des baleiniers de l'ouest de l'Arctique. Des nuages jumelés d'exhalaisons respiratoires demeuraient brièvement suspendus dans les dernières lueurs du jour, alors qu'au-delà de l'île nageaient tranquillement ces dernières survivantes d'une grandiose espèce.

La baleine blanche ou béluga (du nom russe *bieluha*, dérivé de *bielyi*, « blanc ») est grégaire et volubile : c'est la plus « bavarde » de toutes les baleines. Parce que les bélugas sifflent souvent, les marins les ont appelés « canaris des mers ». Les narvals et les bélugas sont les seuls membres de la famille des Monodontidés. Ils ont une taille et un poids identiques, n'ont pas d'ailerons dorsaux — une adaptation à la vie sous la glace — et tous deux vivent dans les mers arctiques. Mais, tandis que les bélugas adultes sont d'un blanc pur, les narvals sont bizarrement tachetés ; les bélugas aiment les hauts-fonds, les narvals préfèrent les eaux profondes ; des bélugas solitaires peuvent errer au loin (jusqu'en Méditerranée, par exemple), les narvals s'égarent rarement ; et les bélugas des deux sexes ont

Ci-dessus : *les élégants phoques du Groenland passent l'été dans les mers du Grand Nord. À l'automne, ils migrent vers le sud, précédant l'avancée des glaces.*

Ci-contre : *rougeoyant au soleil de minuit de l'Arctique, un iceberg dérive le long du détroit d'Éclipse, dans la terre de Baffin*

environ 40 dents, petites et émoussées, tandis que chez les narvals, habituellement, la femelle n'a pas de dents apparentes et le mâle n'en a qu'une, sa célèbre défense torsadée. (Dans l'*Histoire Naturelle et Morale des Iles Antilles*, rare et charmant livre du XVIIe siècle, César de Rochefort consacre un chapitre entier aux Inuit et aux narvals, et fait valoir que le narval, ayant utilisé dans cette magnifique défense « tout le matériel à fabriquer des dents » de son corps, il ne lui en restait plus pour d'autres dents.)

Les baleines blanches passent souvent l'été dans les estuaires et les baies peu profondes. Dix mille d'entre elles se rassemblent dans le delta du Mackenzie, un fleuve canadien, environ 2 000 dans les estuaires des fleuves Churchill et Seal, sur la côte ouest de la baie d'Hudson, et 1 000 dans la passe Cunningham bordant l'île Sommerset, dans le haut Arctique canadien, où, durant trois étés enchantés, je les ai observées avec des scientifiques de la station biologique de l'Arctique canadien.

À la mi-juillet, j'étais assis sur une colline surplombant la passe lorsque les bélugas arrivèrent. Ils surgirent des eaux froides et vertes comme des torpilles miroitantes, d'un blanc ivoire, leur queue en forme de coeur se soulevant et retombant rythmiquement, sans heurts ; des vagues étincelantes décrivaient des arcs contre leur tête. De couleur sombre, des baleineaux nageaient, comme de petites ombres, près de leur mère massive et blanche. Soudain, une baleine surgit du fond, une longue fronde d'algue à la bouche. Les autres se précipitèrent vers elle, mordillant joyeusement le ruban d'algue jusqu'à ce que le trophée tombe en lambeaux. Les bélugas étaient joueurs et bruyants. Les jours sans vent, on entendait leurs cris et leurs sifflements de notre camp, à plus de 1 500 m de la passe, et nous nous demandions de quoi les baleines « parlaient ».

Les baleines blanches du Nord vont bien. Intensément chassées autrefois, elles ont récupéré. La population de bélugas de l'Amérique du Nord compte maintenant près de 50 000 sujets et d'autres, en nombre égal et peut-être plus grand, peuplent les mers au nord de l'ancienne Union soviétique. Toutefois, une population de bélugas, vestige de l'âge glaciaire, qui se trouve dans l'estuaire et le golfe du Saint-Laurent, est menacée d'extinction.

Au Pléistocène, les baleines blanches, les narvals et les morses se rencontraient beaucoup plus au sud que de nos jours. En Angleterre, dans le Norfolk, on trouve communément des os fossiles de narval dans ce que l'on appelle le « Forest Bed ». Ils se sont déposés là au début du Pléistocène, il y a près de deux millions d'années. Il y a 10 000 ans, vers la fin du Pléistocène, ce vaste bras d'océan connu comme la mer de Champlain s'étendait de l'Atlantique jusque bien au-delà de ce qui est aujourd'hui le lac Ontario. Ses eaux glacées abritaient bélugas, narvals et morses. On a trouvé leurs squelettes près de Montréal et Rivière-du-Loup, au Québec, et Burlington, en Ontario.

Lorsque la mer s'est réchauffée, les narvals ont retraité vers le Grand Nord, mais des populations de bélugas et de morses sont restées au sud. Après la découverte du Canada par les Européens, les grands troupeaux de morses du golfe du Saint-Laurent ont été impitoyablement chassés (le dernier morse a été tué en 1799) pour leur graisse, leur peau épaisse et surtout leurs défenses d'ivoire. En Europe, ces défenses atteignirent de grands prix après qu'Alexander Woodson, un éminent médecin du XVIe siècle, en ayant essayé l'ivoire, l'eut « trouvé souverain contre les poisons comme une corne de licorne ». Les bélugas aussi furent intensément chassés. Avec leurs peaux, on fabriquait des lacets de chaussure « et rien ne les surpassait pour couvrir les coches », écrivait le jésuite Pierre-François-Xavier de

Autrefois, les baleines étaient si nombreuses près des côtes de Norvège que « la mer ressemblait à une grande ville aux cheminées fumantes ».

— PONTOPPIDAN, évêque de Bergen, en Norvège (VIIIe siècle)

Environ un morse sur mille est un tueur, un solitaire qui se nourrit surtout de phoques et plus rarement tue un narval.

Un goéland argenté, au coucher du soleil, sur des rochers balayés par les vagues. Opportunistes, agressifs et abondants, ces goélands prospèrent dans le Sud aussi bien que dans le Grand Nord.

Furieuse, une mère phoque à capuchon défend son nouveau-né. Fréquemment nourris, les petits phoques à capuchon gagnent environ 7 kg chaque jour et sont sevrés après seulement quatre jours, la plus courte période de lactation connue chez les mammifères.

*Un ours blanc et son reflet sur la glace
récente de la baie d'Hudson.*

Charlevoix, en 1720. Maintenant, les bélugas du Saint-Laurent sont protégés, mais leur fleuve est si gravement pollué que ses poisons les tuent lentement. Les 500 derniers bélugas semblent condamnés.

Les narvals sont les baleines de la glace, et dans les chenaux, bassins et baies couvertes de glace, ils trouvent des refuges contre l'orque, l'ennemi qu'ils craignent le plus ; leurs grandes migrations annuelles suivent le rythme saisonnier de l'avancée et du recul de la glace. Le 30 juillet 1980, Wybrand Hoek, spécialiste des mammifères marins, et moi-même survolions le détroit de Peel, encore gelé, dans le haut Arctique canadien. Nous sommes arrivés au-dessus d'un large chenal, entaille d'eau libre d'un noir d'encre au milieu de la glace brillante. Plus de 1 000 narvals s'y trouvaient. (Contrairement aux autres baleines, les narvals peuvent se tenir à la surface ou près de celle-ci, parfois pendant des heures.) Il y avait des groupes de femelles et de baleineaux, et des groupes de mâles, certains disposés en rosette, toutes les défenses pointées vers le centre, et d'autres qui semblaient se rouler, jouter et s'affronter dans un étrange ballet fluide.

Malgré des décennies d'étude intensive, notre connaissance des narvals, de leur territoire et de leurs migrations, est encore bien mince. Les 20 000 à 30 000 narvals du monde habitent une zone plus grande que l'Europe et ils vivent dans les mers les moins visitées, les plus inaccessibles. Même les relevés aériens extensifs peuvent être trompeurs. Le jour où nous avons vu le rassemblement de narvals dans le détroit de Peel, nous avions déjà volé pendant 12 heures. Nous avions longé la limite des glaces, survolé des baies abritées et quadrillé une zone plus vaste que la Hollande pour n'apercevoir que 14 narvals dans une région où ils sont censés être communs en été. Et soudain, une merveilleuse émotion : nous découvrions plus d'un millier de narvals dans une large bande d'eau libre, parmi l'immensité de la glace. Si nous avions volé 10 km plus à l'est ou à l'ouest, nous aurions raté cette concentration et conclu que les narvals étaient rares dans cette région, au moins cet été-là.

D'après le cétologue russe A.V. Yablokov, les narvals sont maintenant « extrêmement rares » dans les mers au nord de l'ancienne Union soviétique, alors qu'autrefois ils étaient communs dans cette région qui, pendant des milliers d'années, a fourni la plupart des « cornes de licorne » à la Chine. Lorsque le *Fram*, le bateau de l'explorateur norvégien Fridtjof Nansen, dérivait avec la glace à travers l'océan Arctique, au nord de la Sibérie, en 1895 et 1896, son équipage s'était souvent étonné « qu'il y eût ici tant de narvals dans les passages ». Le 22 juillet 1895, par 84°53' N, entre la terre François-Joseph et le pôle Nord, les navigateurs virent « sept ou huit narvals femelles s'ébattant dans le chenal » près du bateau, et plus tard dans la journée « le passage regorgeait de baleines... ».

L'explorateur suédois N.A. Nordenskiöld, qui a conquis le passage du Nord-Est en 1878-1879, a vu peu de narvals, mais il rapportait qu'un autre scientifique, Witsen, en avait aperçu de grands « troupeaux » entre le Spitzberg et la Nouvelle-Zemble. Pendant des siècles, les baleiniers ont sillonné activement cette région. Ils ont tué des milliers de baleines boréales mais ont rarement poursuivi des narvals. En 1671, Friedrich Martens, riche homme d'affaires de Hambourg, a visité les « pêcheries à la baleine » du Spitzberg où, à presque 80° N et à 1 100 km du pôle Nord, les Hollandais avaient bâti un village. Dénommé fort justement Smeerenburg (« Bourgras »), il comportait de vastes fondoirs où la graisse était transformée en huile, ainsi que des tavernes, une église, une boulangerie et un bordel. « La licorne », rapportait Martens, n'était pas chassée, parce que « ce poisson nage avec une telle vitesse que, même si on en voyait, on en

« La licorne de mer est connue pour fréquenter la baie d'Hudson et ses détroits... »

— SAMUEL HEARNE, explorateur britannique (1789)

Les narvals « **préfèrent la proximité de la glace, probablement pour échapper aux attaques des orques... ».**

— ALFRED TREMBLAY, marchand canadien (1910)

prenait rarement ». Les scientifiques russes sont maintenant certains que les narvals sont rares dans ces mers, mais personne ne connaît la cause de leur déclin.

Les narvals sont si rares, le long du nord-est de l'Asie et de l'Alaska (moins d'une douzaine ont été vus près de l'Alaska au cours des cent dernières années), que les quelques narvals entrevus sont à l'origine de fabuleux rapports prétendant que l'un des animaux les plus étranges du Nord, la rhytine de Steller, éteinte depuis longtemps, pouvait encore exister. Ce gigantesque cousin subarctique des lamantins et des dugongs tropicaux et subtropicaux a été vu pour la première fois par l'expédition russe conduite par Vitus Bering, près des îles du Commandeur, dans le sud-ouest de la mer de Béring, en 1741. Ces animaux de 4 000 kg, dont la peau ressemblait à l'écorce d'un vieux chêne, mâchonnaient placidement des algues sur les hauts-fonds côtiers. Pour leur malheur, ils étaient lents et doux, et leur chair avait le goût du veau le plus fin. On rapporte que le dernier de ces doux géants a été tué en 1768. En 1879, après avoir franchi le passage du Nord-Est, Nordenskiöld s'arrêta aux îles du Commandeur sur sa route de retour. Des résidants lui affirmèrent qu'ils avaient vu une rhytine. Le savant Leonard Steyneger se précipita alors vers ces îles lointaines. Mais après avoir interrogé les gens, il conclut tristement que « leur description correspond exactement à une femelle de narval ». En 1963, l'espoir que la rhytine de Steller pourrait encore être vivante s'est levé de nouveau. Des baleiniers soviétiques prétendaient l'avoir vue dans le détroit de Béring. Mais, lorsque les scientifiques les ont pressés de questions, il est vite devenu clair que ce qu'ils avaient aperçu était un narval. Parfois, le narval visite encore ces eaux, mais la rhytine, elle, est bien éteinte.

Une population discrète et peu connue d'environ 4 000 narvals se trouve au large de la côte est du Groenland, bordée de glace. Cependant, la grande majorité vit dans le détroit de Davis et la baie de Baffin, entre le Groenland et la terre de Baffin, ainsi que dans les baies, passes et détroits adjacents. William Baffin les a vus en 1616, 200 ans avant John Ross, lorsqu'il a conduit le *Discovery* (le solide petit bateau qui avait déjà transporté Henry Hudson à la baie d'Hudson en 1610) le long de la côte ouest du Groenland, dans la grande baie qui maintenant porte son nom. Il y a rencontré des Inuit qui lui donnèrent « plusieurs morceaux d'os ou de corne de la licorne de mer ». Vers la fin juin, Baffin a commencé à voir « les poissons avec de longues cornes, plusieurs et souvent, que nous avons appelés licornes de mer... », et plus tard il écrivait à son commanditaire, sir John Wolstenholme : « Pour ce qui est de la licorne de mer... si la corne a une grande valeur, il ne fait aucun doute que plusieurs peuvent être tuées. » Les baleines de cette région encore primitive sont familières, disait-il, « parce qu'elles n'ont pas l'habitude d'être chassées ».

Pendant 200 ans, les baleines furent épargnées, jusqu'à ce qu'en 1818 Ross conduise les baleiniers dans la baie de Baffin, et qu'en 1819 William Edward Parry cingle vers le détroit de Lancaster, « le quartier général des baleines ». Les observations des baleiniers et, plus tard, celles des scientifiques, révélèrent progressivement la grande migration nord-sud des narvals. Le 7 septembre 1939, le biologiste danois Christian Vibe a vu, près de la baie d'Inglefield au nord-ouest du Groenland, « ... une importante migration de narvals. Des troupes de quelque 20 animaux, mâles et femelles ensemble, ont été vues passant non loin, à quelques minutes d'intervalle. C'était une vision impressionnante... La migration d'ensemble a duré une heure et alors, environ 1 000 narvals avaient passé là ». Dans la même région, en 1984, l'homme de science danois Erik W. Born a vu « en

Grégaires et volubiles, les bélugas s'assemblent en été près des estuaires de certains fleuves nordiques.

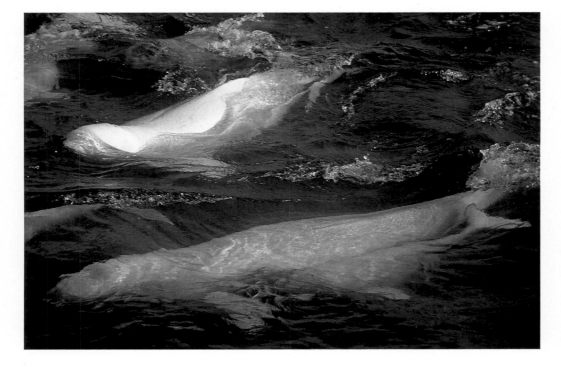

Le béluga ou baleine blanche du Nord est le plus proche parent du narval.

Un béluga curieux fait un saut d'exploration. Se poussant en avant et de bas en haut à l'aide de sa puissante queue, la baleine s'élève partiellement hors de l'eau pour mieux voir.

plusieurs jours, des troupeaux de plus de 3 000 [narvals]... et le 18 août, on dénombrait 4 043 narvals dans un seul troupeau ».

Le 10 juillet 1957, l'ornithologue canadien Leslie M. Tuck, étudiant les marmettes du cap Hay, dans l'île Bylot, a observé la grande migration des narvals. En un seul jour, il en vit passer près de 2 500, par petits groupes, à la cadence d'environ 250 à 300 à l'heure, se dirigeant tous vers le détroit de Lancaster. Dix-neuf années plus tard, le biologiste canadien R.G. Greendale et sa femme passèrent six semaines au sommet de la même falaise de calcaire, à environ 300 m au-dessus de la mer, et ils ont compté tous les mammifères qui passaient : 8 ours blancs, 23 baleines boréales, 83 morses, 168 phoques barbus, 132 000 phoques du Groenland et 6 145 narvals. Et comme il y avait souvent du brouillard et que la visibilité était mauvaise, les Greendale ont estimé que de 8 000 à 10 000 narvals ont migré aux alentours du cap Hay, de la baie de Baffin dans le détroit de Lancaster.

Lentement, les pièces du casse-tête se mettent en place. Selon Erik Borne, les narvals n'hivernent pas dans la grande polynie de la baie de Baffin, comme on l'a supposé jusqu'à récemment, mais dans l'épaisse banquise au nord du détroit de Davis et au sud de la baie de Baffin. En mars, environ 1 400 narvals nagent vers la baie d'Hudson. Les autres narvals se dirigent lentement vers le nord, se nourrissant en suivant le recul de la glace. Vers la fin de juin, ils atteignent le nord de la terre de Baffin. De 1 000 à 2 000 environ se regroupent vers Pond Inlet, 2 000 autres nagent dans la passe de l'Amirauté, tandis qu'environ 15 000 migrent par le détroit de Lancaster pour estiver dans le labyrinthe de baies, de passes et de chenaux des îles du haut Arctique canadien. Plus de 4 000 nagent vers le nord et l'est pour passer l'été dans la grande baie d'Inglefield, au nord-ouest du Groenland, parmi les bancs de glace à la dérive, le tonnerre et la houle des glaciers qui vêlent. Certains nagent dans le bassin de Kane, entre la terre d'Ellesmere et le Groenland, et quelques-uns s'aventurent même plus au nord, droit dans l'océan Arctique. Des scientifiques russes, basés sur des glaces dérivantes, ont vu des narvals à moins de 320 km du pôle Nord.

Contrairement aux bélugas, peu de narvals nagent loin vers le sud. Les baleines blanches, à l'esprit aventureux, aboutissent dans les endroits les plus singuliers. L'une d'elles a passé le printemps de 1972 dans la Buzzards Bay, au Massachusetts ; une autre a nagé le long des côtes du sud de la France. La plus célèbre de toutes les baleines blanches est celle qui a remonté le Rhin en 1966. Elle avait fait sensation en Europe. Prise par erreur pour une doublure de Moby Dick (la baleine blanche du célèbre roman d'Herman Melville était un cachalot macrocéphale albinos), elle a remonté tranquillement le fleuve, dépassé Düsseldorf, Cologne et Bonn, tandis que les bateaux d'excursion fourmillaient aux alentours et que des milliers de gens observaient des rives. La baleine a séjourné un mois dans le Rhin puis elle est retournée à la mer.

Les narvals quittent rarement leur royaume de l'Arctique. Au cours des cinq derniers siècles, on a trouvé sept narvals sur les côtes de la Norvège, un en Hollande, deux en Allemagne et six en Grande-Bretagne. En 1949, on a découvert dans ce dernier pays les deux derniers narvals échoués : des femelles de 4 m, dont l'une fut trouvée dans l'estuaire de la Tamise, pas très loin de Londres. L'échouage le plus renommé est celui d'un gros mâle avec une défense, découvert en 1648 sur l'île de Mai, dans le golfe du Forth, en Écosse. Il fut étudié et disséqué

« Les narvals viennent dans la passe de Pond et le détroit d'Éclipse, dès que la glace se brise... »

— JOSEPH ELZÉAR BERNIER,
explorateur canadien (1907)

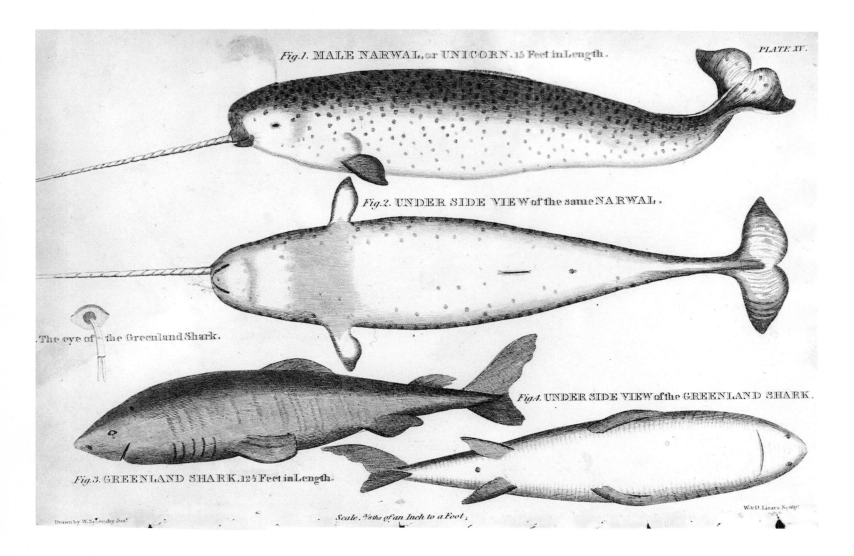

Représentations d'un narval mâle ou licorne et d'un requin du Groenland tirées de An Account of the Arctic Regions *du célèbre capitaine baleinier William Scoresby.* Metropolitan Toronto Library Board

par le scientifique Tulpius, qui le dénomma l'*Unicornis marinum*.

La glace protège le narval au dos lisse des orques aux grands ailerons. À l'été 1910, le négociant Alfred Tremblay a observé les baleines près de Pond Inlet. Les narvals, a-t-il noté, « voyagent habituellement en bandes et semblent préférer la proximité de la glace, probablement pour échapper aux attaques des orques géantes qui les pourchassent impitoyablement ». S'il n'y a pas de glace, les narvals peuvent se lancer sur des hauts-fonds, dans une tentative désespérée pour échapper aux orques rapides. En 1985, les chercheurs John Ford et Deborah Cavanagh enregistraient les sons sous-marins dans la baie de Koluktoo, lorsque soudain 12 orques apparurent. « Dès que les orques ont commencé à émettre des sons dans l'eau, tous les appels des narvals ont cessé, rapportent Ford et Cavanagh. Les cinq cents narvals, ou plus, de la baie sont devenus extrêmement agités et se sont rassemblés sur les hauts-fonds. »

L'auteur et explorateur Peter Freuchen prétend que, souvent, deux orques nagent de chaque côté d'un narval en fuite « et ensuite elles serrent entre elles l'infortunée baleine, plus petite qu'elles, avec une telle force que ses côtes se brisent ». Les orques poursuivent leur chasse et reviennent plus tard pour dévorer l'animal disloqué. Masautsiaq, l'Inuk polaire du nord-ouest du Groenland avec lequel j'ai vécu durant plusieurs mois, disait avoir vu une orque heurter avec tant

Pour les baleiniers hollandais, britanniques et allemands, le Spitzberg, au nord de la Norvège, a été le centre d'une chasse qui a duré des siècles.

Une sterne arctique sur un rocher couvert d'un lichen nitrophile brillamment orangé, qui prospère sur les fientes d'oiseaux. Championnes des migrations, ces sternes se reproduisent dans le Grand Nord puis s'envolent vers le sud aussi loin que l'Antarctique.

Les guillemots noirs nichent dans les crevasses des rochers et se nourrissent surtout de poissons et de crustacés benthiques, habituellement près de la côte.

de force un narval que l'animal de 1 500 kg a nettement été projeté hors de l'eau. Les orques ne semblent craindre qu'un seul animal, le morse. Quand un Inuk polaire chasse dans son kayak et qu'il est surpris par des orques loin de la côte, il arrondit ses mains et meugle dans l'eau, imitant les grognements d'un morse mâle enragé. Les sons voyagent loin dans l'eau et Masautsiaq m'a dit que les orques virent rapidement de bord.

En de rares occasions, un morse peut tuer un narval. La plupart des morses sont d'inoffensifs mangeurs de coquillages. Mais un sur mille environ est un « tueur », un solitaire qui se nourrit de phoques et autres mammifères marins. De tels solitaires sont des morses abandonnés, disent les Inuit, des animaux qui ont perdu leur mère dans leur jeune âge. Ils se sont d'abord nourris de charognes, puis ont pris goût à la viande et se sont mis à tuer et à manger des phoques. Ces solitaires ont une apparence distinctive. Leurs épaules et leurs membres antérieurs paraissent anormalement gros et puissamment développés. Le menton, la gorge, la poitrine et les défenses ont acquis une couleur ambre, par oxydation de l'huile de phoque. Leurs défenses sont plutôt longues, élancées et pointues, comme deux stylets d'ivoire. Les Inuit racontent qu'un morse solitaire peut nager calmement jusqu'à un phoque endormi, l'enserrer dans ses puissantes nageoires antérieures, l'écraser, en arracher la peau avec ses défenses, manger les intestins et absorber la graisse et une partie de la viande. Ces tueurs s'en prennent surtout aux phoques, mais si l'occasion se présente, ils utilisent la même méthode pour surprendre, tuer et manger un narval. Robert Gray, célèbre patron de baleinier, voyageant dans la mer de Norvège en 1890, a remarqué « ... quelque chose qui flottait dans des eaux graisseuses, entouré par des oiseaux... il s'avéra que c'était un narval mort. Il portait un enchevêtrement de blessures et ses viscères abdominaux avaient été rongés. Le coupable, un gros morse, dormait non loin de là, sur un morceau de glace ».

Au XVIIIᵉ siècle, Hans Egede, « l'apôtre du Groenland », décrivait le requin du Groenland comme « un poisson de proie, qui prélève de bons morceaux du corps des baleines de l'Arctique et est très avide de chair humaine ». Le seul requin de l'Arctique est surtout un charognard. Chaque fois qu'il y a un cadavre dans les mers nordiques, on est sûr de voir ce requin apparaître. À l'été 1971, des Inuit polaires découpaient des narvals sur un haut-fond, près de notre camp, dans la baie d'Inglefield, au nord-ouest du Groenland, quand un grand requin se glissa silencieusement entre les cailloux et arracha des morceaux à l'une des baleines. Les enfants lui jetèrent des pierres sans qu'il y porte attention. Finalement, les hommes le tuèrent d'un coup de fusil, mais le requin mourant continua de manger, poussé par l'avidité.

Les requins, les morses et même les orques ne sont pas des menaces très importantes. Le plus grand ennemi du narval, c'est l'homme. Autrefois, il y a très longtemps, les hommes de l'Arctique chassaient le narval uniquement pour se nourrir et ils utilisaient ses défenses pour en faire des outils ou des jouets pour les enfants. Plus tard, par des routes longues et complexes, des défenses sont parties vers le sud ; leur origine est restée secrète et elles sont devenues, avec le temps, les cornes brillantes et torsadées des licornes.

« Pour ce qui est de la licorne de mer... si sa corne est de grande valeur, sans aucun doute plusieurs peuvent être tuées. »

— WILLIAM BAFFIN, explorateur anglais de l'Arctique (1616)

Les baleines « sont autant des animaux de la terre que de l'eau ».

— ARISTOTE, philosophe grec
(-384 -322)

En de rares occasions, les ours blancs attrapent des narvals prisonniers des glaces dans un savssat.

DES LICORNES ET DES PUCELLES

Ctésias de Cnide était médecin, son père était médecin, son grand-père était médecin et il prétendait descendre d'Asclépios, le dieu grec de la médecine. Il était si célèbre de son temps, qu'en 416 avant notre ère il devenait médecin à la cour de Darius II, roi de Perse, et de son successeur, Artaxerxès. Il les servit loyalement pendant 18 ans puis, fortune faite, il retourna en Grèce et il décrivit, dans les 20 volumes de sa *Persica*, les merveilles qu'il avait vues et entendues.

Des marchands avaient raconté à Ctésias qu'il y avait en Inde « des ânes sauvages aussi grands que des chevaux, et plus gros... Ils ont une corne sur le front, qui a environ un pied et demi de long. La poudre obtenue de cette corne est administrée dans une potion comme protection contre les drogues mortelles... Ceux qui boivent dans ces cornes transformées en vases à boire ne sont pas sujets, disent-ils, aux convulsions et à la maladie sacrée [épilepsie]. En fait, ils sont immunisés contre le poison si, avant ou après en avoir avalé, ils boivent du vin, de l'eau ou quoi que ce soit de ces gobelets ». Et c'est ainsi que la légende de la licorne et de sa corne accomplissant des prodiges est parvenue en Europe.

Aristote, qui vécut peu après Ctésias (de -384 à -322), n'avait pas une très haute opinion de ses récits, mais il accepta la licorne. Après tout, un peuple qui croyait au phénix, oiseau qui se réduit lui-même en cendres tous les 500 ans pour en renaître ensuite, ne devait pas avoir de difficulté à croire aux licornes à la corne magique. (Des plumes rouge flamme de phénix étaient vendues sur les marchés médiévaux ; la plupart étaient des plumes de flamant.) Aristote, qui a consacré des chapitres entiers à des oiseaux comme le torcol et la huppe, dit peu de chose de la licorne. Il souligne que la plupart des animaux encornés ont deux cornes, puis il ajoute : « Un petit nombre d'animaux ont une seule corne... par exemple l'âne de l'Inde. L'oryx a une seule corne... L'âne de l'Inde également... Chez de tels animaux, la corne est placée au centre de la tête. » Néanmoins, le simple fait qu'Aristote mentionne l'unicorne lui a donné une réalité durable.

Pour les Grecs et plus tard les Romains, la licorne était tout simplement une curiosité biologique. Des naturalistes comme Pline et Aelian l'ont décrite longuement et savamment, mais elle n'a jamais captivé l'imagination du public comme l'a fait la girafe, par exemple. La girafe est arrivée à Rome par le vaste réseau de marchands d'animaux de l'empire et a été décrite par certains comme le « chaméopard », le rejeton de l'improbable union d'un chameau et d'un léopard. Mais, au moins, on montrait la girafe tandis que la licorne demeurait mystérieuse. Comme le naturaliste suisse Konrad von Gesner le soulignait en 1551, « la pompe romaine savait comment amener tous les animaux dans ses marches triomphales, mais on ne trouve nulle part mention qu'une licorne ait jamais été montrée au peuple romain ».

Ci-dessus : *séduite par une pucelle nue, la sereine licorne est une proie facile pour le chasseur diabolique. Détail d'une miniature d'un bestiaire anglais du XIIIe siècle.* The British Library

Ci-contre : *dans* La madone et la licorne, *célèbre peinture d'un artiste connu comme le Forgeron espagnol, la licorne représente le Christ.* The Pierpont Morgan Library

En fait, ceci n'est pas exact. Les Romains ont souvent vu des unicornes, mais ils ne s'en rendaient pas compte. Parmi les descriptions classiques de l'unicorne, toutes inspirées de Ctésias, la plus belle a été écrite par Julius Solinus dans sa *Polyhistoria*, magnifiquement traduite par Arthur Golding en 1587 : « Mais le plus cruel [de tous les animaux] est l'unicorne… au corps de cheval, aux pieds d'éléphant, à la queue de cochon et à la tête de cerf. Prise au milieu de son front, sa corne, d'un éclat merveilleux, longue d'environ quatre pieds, est si pointue que, sur quoi que ce soit qu'elle appuie, elle s'y enfonce facilement. On ne le prend jamais vivant. On peut le tuer mais jamais l'attraper. » L'animal que Ctésias et ses successeurs ont décrit comme le *monocéros*, l'âne indien à corne, était en fait le rhinocéros, si souvent vu dans les défilés romains, qu'il n'est jamais venu à l'esprit de personne que les deux bêtes pouvaient n'être qu'un seul et même animal.

Les Grecs et les Romains n'ont jamais donné de description de la licorne et dans aucun document romain ne fait-on mention du commerce de cornes de licorne qui combattent le poison. La demande n'était peut-être alors pas aussi aiguë qu'elle le sera plus tard dans l'histoire humaine. En Grèce et à Rome, l'art de l'empoisonnement n'était pas aussi développé ni aussi largement utilisé qu'en Orient et plus tard en Europe. Les assassins grecs et romains choisissaient l'approche directe, la dague ou l'épée.

Deux événements ont changé la licorne de bête étrange de l'Orient lointain en un animal de grande beauté, au pouvoir saint et mystique. Le premier a été la montée du christianisme. Dans la Bible, l'unicorne est nommé sept fois, ce qui lui assure une reconnaissance divine. Le second fut la publication à Alexandrie, au IIe siècle, d'une recette infaillible pour capturer les licornes en utilisant une pucelle comme appât, ce qui attira l'attention de tous.

Selon la tradition, aux environs de 250 avant notre ère, lorsque les 72 lettrés d'Alexandrie qui traduisaient l'Ancien Testament de l'hébreu en grec arrivèrent au mot *r^e'em*, ils furent momentanément bloqués. Ce terme se rapportait de toute évidence à un animal vigoureux et très puissant. En fait, il désignait l'urus ou aurochs (*Bos primigenius*), le boeuf sauvage d'Eurasie et d'Afrique du Nord, maintenant éteint, ancêtre de presque tout le bétail européen. (Le dernier aurochs a péri en 1627, dans la forêt de Jaktorow, près de Varsovie, en Pologne.) Contrairement à ceux qui écrivirent l'Ancien Testament, les traducteurs étaient des citadins et non des pasteurs, et ils ne connaissaient pas grand-chose aux animaux à cornes, sauvages ou domestiques. Mais ils avaient entendu parler du pouvoir de l'unicorne et traduisirent donc *r^e'em* par *monocerôs* (animal à une seule corne), « le puissant monocéros », comme dans : « Dieu le fait sortir d'Égypte, Il est pour lui comme la corne du monocéros » (*Nombres*, **23**, 22) ou « tu élèves ma corne comme celle d'un monocéros » (*Psaumes*, **92**, 11). La licorne (monocéros) est ainsi entrée dans les Saintes Écritures, et mettre en question son existence était blasphématoire.

Au IIe siècle, un auteur inconnu écrivit à Alexandrie un mince ouvrage, le *Physiologos* (le « Naturaliste »). Chaque court chapitre commence par une citation des Écritures suivie de : « le Physiologos dit… » et d'une fable fantastique. Par exemple, l'histoire — à la vie longue — du pélican qui s'ouvre la poitrine et nourrit ses petits de son sang. Le *Physiologos* a été l'un des plus grands best-sellers de tous les temps. Il a connu d'innombrables éditions pendant plus d'un millier d'années et il a été traduit en plusieurs langues, dont le syriaque, les langues

La licorne « a une tête de cerf, des pieds d'éléphant, une queue de cochon et le reste de son corps est comme celui d'un cheval ».

— PLINE L'ANCIEN, naturaliste romain (23-79)

La corne qui guérit tout était le symbole de la profession médicale et pharmaceutique. La licorne, avec sa corne de narval, ornait une ancienne Einhornapotheke, *une boutique d'apothicaire allemand.* Germanisches National Museum, Nuremberg

scandinaves, l'arménien, l'anglo-saxon et le provençal ; il est le proche parent des *Bestiaires*, ces histoires d'animaux moralisatrices, si populaires au Moyen Âge. La licorne, dit le *Physiologos*, est vive et farouche et ne peut jamais être prise par les chasseurs. Il explique ensuite comment elle est capturée. « Une vierge est placée devant la licorne qui bondit alors sur les genoux de la pucelle qui la réchauffe avec tendresse et la transporte au palais des rois. »

Il existait une autre méthode ancienne pour capturer les licornes. Le « vaillant petit tailleur » s'en sert dans les contes féeriques de Grimm. Pour gagner la princesse, il doit, parmi d'autres valeureuses actions, capturer une licorne qui rôde dans la forêt et « fait beaucoup de mal ». Jouant lui-même le rôle d'appât, le petit tailleur se tient devant un arbre. Lorsque la licorne le charge, il saute prestement de côté ; la corne de l'animal s'enfonce profondément dans le bois et la licorne peut alors être capturée.

Selon le poète élisabéthain Edmund Spenser (1552-1599), les chasseurs obtenaient aussi la précieuse corne spiralée de cette façon. Le chasseur se tient devant un arbre :

Au jardin d'Éden, la licorne plonge sa corne prodigieuse dans un ruisseau et purifie l'eau, de sorte que tous les animaux peuvent en boire. Détail d'un retable par Jérôme Bosch, début du XVIe siècle. © Musée du Prado, Madrid

« Cette licorne est le Christ dont le pouvoir, symbolisé par la corne, est irrésistible. »

— SAINT ALBERT LE GRAND,
philosophe scolastique (1193-1280)

Et quand il l'aperçoit courant vers lui à toute vitesse,
Il se glisse de côté ; le temps que la bête féroce
Recherche son ennemi, sa précieuse corne
S'enfonce d'un coup, et ne peut plus se dégager.

Les lions aussi connaissaient la ruse. « C'est pourquoi, dès qu'un lion voit une licorne, il se précipite vers un arbre pour trouver de l'aide », écrivait le fabuliste Edward Topsell en 1658, et Shakespeare savait également « que les licornes se prennent avec des arbres » (*Jules César*, II-1).

Cette méthode de capture des licornes, qui demandait, sans aucun doute, de l'ingéniosité, du courage et de l'habileté, ne pouvait espérer concurrencer la méthode à la pucelle, beaucoup plus séduisante. On a renchéri sur l'histoire et on l'a enjolivée avec amour. L'altière abbesse Hildegarde de Bingen, une grande mystique du XIIe siècle, déclarait que n'importe quelle pucelle paysanne et rondouillarde ne pouvait appâter une licorne. Il fallait une fille de noble naissance, vierge, belle et séduisante. Mais, prévenait l'abbesse, tromper une licorne signifiait la mort. Si la fille n'était pas vraiment vierge, la licorne le ressentirait et, dans une furieuse colère, elle la transpercerait de sa corne.

Quelques grands esprits étaient fascinés par les licornes. Léonard de Vinci écrivit un traité sur la manière de les capturer : « Dans son manque de modération et de réserve et sa prédilection pour les jeunes filles, elle oublie complètement sa timidité et sa sauvagerie ; elle laisse de côté toute défiance, se dirige vers la fille assise et tombe endormie sur ses genoux. De cette façon, les chasseurs l'attrapent. »

La jeune fille en attente devient une séductrice ; elle attire, prend au piège et trahit l'unicorne, figurant son amant. Ce fut un thème très populaire des poèmes, ballades et chants. Thibaud IV (1201-1253), poète, trouvère et roi de Navarre (parmi ses nombreux titres, il était aussi comte de Champagne et de Brie), se compare à la licorne :

Ausi com l'unicorne sui
Qui s'esbahit en regardant
Quant la pucele va mirant.
Tant est liee de son ennui
Pasmee chiet en son giron;
Lors l'ocit on en traïson.
Et moi ont mort d'autel semblant
Amors et ma dame, por voir :
Mon cuer ont, n'en puis point ravoir.

Dans l'esprit du temps, l'histoire pouvait avoir un double sens délicieusement érotique, la corne brillante étant un symbole de puissance et de vitalité. Par un de ces étranges retournements dans lesquels l'esprit médiéval semble se complaire, l'unicorne pouvait aussi signifier le Christ et la corne sa puissance. Saint Ambroise, évêque de Milan (340-397), déclamait : « Qui est l'unicorne si ce n'est le seul fils engendré de Dieu ? » Saint Basile le Grand, évêque de Césarée de Cappadoce (330-379), expliquait : « Le Christ est la puissance de Dieu, en conséquence il est appelé licorne sur la terre, car il n'a qu'une corne, c'est-à-dire un pouvoir commun avec le Père. » Dans de nombreuses peintures médiévales, la Vierge Marie tient une licorne comme si elle tenait l'enfant Jésus.

Les hommes du Moyen Âge pouvaient aisément revêtir la licorne, leur animal favori, de ces attributs contradictoires. Elle figurait la puissance et la vertu, l'amour terrestre et céleste, la liberté qui ne peut être entravée et l'impétuosité qui ne peut être retenue ; elle signifiait la force et le droit, la valeur et la noblesse, mais aussi, tragiquement, un destin funeste et la mort. Il n'est donc pas surprenant que, dotée de tous ces merveilleux attributs, la licorne soit devenue l'animal favori des artistes et des héraldistes. Elle a subi bien des métamorphoses et, avec le temps, elle a échangé le corps aux pieds d'éléphant et à la queue de cochon de Solinus pour celui du fier coursier à la corne brillante qui purifie l'eau empoisonnée du *Jardin des délices terrestres* de Jérôme Bosch. Toutefois, la plupart des licornes ont une chose en commun, qu'il s'agisse de la licorne que l'on peut enlacer de Raphaël, de la puissante licorne de Hans Holbein, des licornes sensuelles de Gustave Moreau, de la licorne au licou de Léonard de Vinci ou des milliers de licornes peintes par d'autres artistes : elles arborent toutes une corne qui, de toute évidence, est une défense de narval, la seule longue corne torsadée de toute la création.

Cette corne est portée par la licorne des armoiries royales britanniques. Le lion représentait l'Angleterre tandis que les rois d'Écosse avaient choisi pour emblème la licorne, symbole de prouesses et de courage. La comptine populaire

> Le lion et la licorne
> Combattaient pour la couronne ;
> Le lion a chassé la licorne
> Tout autour de la ville.

exprimait sous forme de rengaine politique la rivalité de l'Angleterre et de l'Écosse. Edmund Spenser, dans *The Faerie Queene*, faisait allusion à cette rivalité lorsqu'il écrivit : « La fière licorne rebelle met au défi le lion au pouvoir impérial. » Les rois écossais émettaient même des pièces d'or frappées à l'image de la licorne, connues comme « licorne» ou « demi-licorne ». Lorsque Jacques VI d'Écosse devint le roi Jacques Ier d'Angleterre, en 1603, il apporta la licorne d'Écosse et supprima le dragon rouge gallois. Depuis ce temps, les armoiries royales, dans le merveilleux langage héraldique, sont supportées à dextre par « un lion rampant (cabré), regardant... » et à senestre par « une licorne d'argent, armée, barbée, onglée... ».

Tout le symbolisme, la beauté et le mystère de la licorne sont présentés, comme dans aucune autre oeuvre d'art, dans les sept magnifiques tapisseries de *La chasse à la licorne*, qui avant 1920 se trouvaient au château de Verneuil, en Charente, et sont exposées maintenant aux Cloisters, à New York. La licorne, d'un blanc de neige et à la défense spiralée, plonge sa corne magique dans un ruisseau pour en éliminer le poison. Elle est entraînée vers la mort par une jeune fille et tuée par des hommes diaboliques au visage de bourreau brutal. Finalement, la licorne ressuscitée, symbole du Christ et de l'immortalité, est couchée dans un champ de fleurs, entourée d'une clôture et attachée par une chaîne d'amour à un grenadier.

La licorne a souvent été reproduite dans l'art, mais elle a rarement été vue. Son existence reposait surtout sur des croyances. Jules César, dans la *Guerre des*

« De son front majestueux s'élance, Dressée vers le ciel, une corne rayonnante ! Voilà, l'égale des rois-lions. Le destrier qui s'arme lui-même, la licorne. »

— GEORGE DARLEY, poète irlandais (1835)

À cause de sa « prédilection... pour les jeunes filles, [la licorne] oublie complètement sa timidité et sa sauvagerie... elle va vers la fille assise et tombe endormie sur ses genoux ».

— LÉONARD DE VINCI
(1452-1519), Conseils aux preneurs de licornes

Gaules, rapporte comme un fait acquis que la licorne erre dans l'immense forêt hercynienne de l'Europe centrale : « On y rencontre un bœuf mais qui tient du cerf et possède une seule corne au beau milieu du front, entre les oreilles. Celle-ci est nettement plus longue et plus rectiligne que toutes les cornes dont nous avons connaissance. » Plusieurs récits édifiants provenaient d'histoires bibliques. Le prêtre hollandais Jean de Hesse, d'Utrecht, est allé en pèlerinage en Palestine en 1389. Là, « près du champ d'Hélion dans la Terre promise, se trouve la rivière Mara, dont Moïse a rendu douces les eaux amères d'un coup de son bâton, et les enfants d'Israël en burent (*Exode*, **15**, 23). À ce jour, est-il dit, des animaux malveillants empoisonnent cette eau après le coucher du soleil... Mais tôt le matin, dès que le soleil se lève, une licorne arrive de l'océan, plonge sa corne dans le cours d'eau et en élimine le poison, de sorte que les autres animaux peuvent en boire pendant le jour. » Et, nous assure-t-il : « Je l'ai vue de mes yeux. »

Ce n'est pas tout le monde qui croyait aux licornes, et le satiriste François Rabelais (v. 1490-1553) s'en est même moqué avec paillardise. Il écrit au sujet d'un voyage au pays de Satin : « J'y vis trente-deux licornes ; c'est une bête extraordinairement cruelle, tout à fait semblable à un beau cheval, sauf qu'elle a la tête d'un cerf, les pieds d'un éléphant, la queue d'un sanglier, et au front une corne aiguë, noire et longue de six ou sept pieds, qui ordinairement pend comme la crête d'un dindon ; mais quand elle veut combattre ou s'en servir pour un autre usage, elle la lève raide et droite. »

De tels sarcasmes étaient rares. La plupart des gens croyaient implicitement à la licorne ; ils glorifiaient son pouvoir rayonnant, son mystère, son insaisissabilité et sa force. Pour des gens enchaînés sous bien des rapports (un historien a décrit la vie au Moyen Âge comme « brutale et brève »), la farouche licorne, libre de tous liens, était probablement le symbole suprême de la liberté.

Et surtout, comme preuve absolue de son existence, il y avait les cornes torsadées des licornes. Les plus célèbres docteurs en possédaient et vendaient une pincée de poudre de corne pour dix fois son poids en or. Le scientifique suisse Konrad von Gesner, le « père de la zoologie », d'un naturel plutôt sceptique, dut admettre en 1551 que la licorne « doit se trouver sur terre sinon sa corne n'existerait pas ».

LE PUISSANT MONOCÉROS

Dans le recueil de traditions scandinaves du XIIIᵉ siècle intitulé *Konungs Skuggsja* (*Le Miroir du roi*), un père parle à son fils « des merveilles qui se trouvent dans les mers d'Islande ». Parmi elles, « il y a une sorte [de baleine] appelée narval, qui ne peut être mangée par crainte de la maladie, car les hommes qui en mangent tombent malades et meurent. Cette baleine n'est pas de grande taille ; elle ne dépasse jamais vingt aunes (environ 10 m). Elle n'est pas sauvage du tout mais elle essaie plutôt d'éviter les pêcheurs. Elle a des dents dans la tête, toutes sont petites sauf une qui se projette sur le front à partir de la mâchoire supérieure. Cette dent est de belle apparence, bien formée et aussi droite qu'une tige d'oignon. Elle peut atteindre une longueur de sept aunes [environ 3,5 m] et elle est aussi unie et douce que si elle avait été taillée avec un outil. Elle s'élance droit en avant, à partir de la tête, quand la baleine se déplace ; mais, si pointue et droite qu'elle soit, elle n'est d'aucun usage comme arme défensive ; car la baleine est si attachée à sa défense et en prend tellement soin que rien ne peut l'approcher ».

C'est la première description connue d'un narval et, pendant des siècles, ce fut aussi la plus exacte, sauf pour l'erreur criante voulant que la viande de narval soit empoisonnée et que ceux qui en mangeaient pouvaient en mourir. Cette croyance prend son origine dans le mot narval, qui dérive de l'ancien scandinave *nâr*, « cadavre », et *hvalr*, « baleine ». Certains, et parmi eux l'auteur du *Miroir du roi*, l'ont interprété comme signifiant que ceux qui en mangent finissent comme cadavres. La « chair [du narval] est un poison mortel », énonce Thomas Pennant dans son *Arctic Zoology* qu'il publie à Londres en 1784, et le grand géographe Gerhard Mercator (1512-1594) déclarait carrément que « le narval est inclus parmi les poissons [de l'Islande]. Quiconque mange de sa chair meurt immédiatement ».

Certains scientifiques ont donné une interprétation beaucoup plus sinistre du nom du narval : la baleine qui mange des cadavres. Dans les années 1630, lorsqu'il préparait son mémoire sur « la corne de la licorne », dans lequel il démontre qu'il s'agit d'une défense de narval, le danois Ole Wurm, célèbre zoologiste et professeur royal, écrivit à Thorlac Scalonius, évêque de Hole, en Islande, lui demandant des renseignements sur le narval. L'évêque lui envoya la peinture d'un narval, en lui expliquant serviablement que les Islandais appelaient cet animal « narhual, nom signifiant baleine qui se nourrit de carcasses ». Un autre professeur danois du XVIIᵉ siècle, Thomas Bartholin, écrivait dans son livre *De Unicornu Observationes Novae* (*Nouvelles observations concernant la licorne*) : « Une énorme créature marine séjourne fréquemment au voisinage de notre île du

Ci-dessus : *en 1758, le naturaliste suédois Carl von Linné a donné au narval son nom scientifique de* Monodon monoceros, *« une dent, une corne »*. Flip Nicklin

Ci-contre : *une mère narval et son baleineau glissent dans les eaux claires de la baie de Koluktoo, située dans la terre de Baffin.* Flip Nicklin

Groenland et d'autres îles nordiques. Elle est appelée narval, parce qu'elle se nourrit de corps morts. »

À mesure que la légende de la licorne perdait de son lustre, grossissait celle du narval. Dans de nombreuses relations, cette timide baleine arctique est devenue une créature démoniaque. Chirurgien à bord du baleinier britannique *Resolute*, John Laing a navigué vers le Spitzberg en 1806 et 1807, et il en est revenu avec des histoires typiques de baleiniers : « La licorne de mer est l'un des autres ennemis de la baleine [boréale] ; et l'on dit qu'elle ne la rencontre jamais sans engager le combat. Son immense défense... lui donne généralement la supériorité sur la baleine. » Non content d'éperonner des baleines de 50 tonnes, le narval, disait Laing, « nage avec une grande rapidité et... il est connu pour planter sa corne dans le flanc des navires ».

Les scientifiques ont cru en ces histoires et les ont enjolivées. Dans le 44e volume de son *Histoire naturelle*, publiée de 1749 à 1804, Georges Louis Leclerc, comte de Buffon, décrit le narval comme une bête assoiffée de sang qui « attaque le puissant, brave tous les dangers, se complaît dans le carnage, charge sans provocation, n'a pas d'égal dans la bataille et tue sans nécessité ». Avec cet énoncé comme base « scientifique », l'imagination exaltée de Jules Verne a fait du narval un monstre, mi-narval gigantesque, mi-anguille électrique survoltée. Dans *Vingt Mille Lieues sous les mers*, ouvrage publié en 1870, Jules Verne fait d'abord parler avec modération le héros de l'histoire, le professeur Pierre Aronnax. « Le narval vulgaire ou licorne de mer, explique-t-il, atteint souvent une longueur de soixante pieds. » Puis, la description se corse. Cette baleine « est armé[e] d'une sorte d'épée d'ivoire, d'une hallebarde... C'est une dent principale qui a la dureté de l'acier », avec laquelle le narval peut transpercer « des carènes de vaisseaux d'outre en outre, comme un foret perce un tonneau ». Quand le « narval » est finalement aperçu (en fait, le sous-marin *Nautilus*), le commandant Farragut s'exclame : « C'est évidemment un narval gigantesque, mais aussi un narval électrique... Et s'il possède en lui une puissance foudroyante, c'est à coup sûr le plus terrible animal qui soit jamais sorti de la main du Créateur. »

Les faits sont quelque peu différents. Le narval est une petite baleine : les femelles adultes atteignent une longueur de 3,50 à 4,50 m, et les mâles dépassent rarement 5 m. La défense d'ivoire est creuse et fragile. Les narvals sont très timides et les baleiniers en ont rarement pris. Ils se nourrissent surtout de poissons et jamais de cadavres. Leur chair est excellente à manger et elle est la principale ressource des Inuit du nord-ouest du Groenland. Les anciens scandinaves l'appelaient « baleine cadavre », à cause de sa coloration pommelée et tachetée, qui leur rappelait la couleur grisâtre et marbrée des marins noyés. En Angleterre, le seul qui semble avoir été bien informé était le poète élisabéthain Edmund Spenser, qui écrit dans *The Faerie Queene*, à propos du narval :

Le puissant monocéros à la queue démesurée ;
Le poisson redoutable au nom bien mérité
De Mort, et il paraît comme elle de couleur d'épouvante.

Le narval est une baleine très secrète, son royaume est lointain et sa vie, de sa naissance à sa mort naturelle, n'est guère connue. En captivité, son volubile cousin, le béluga, prospère, exécute avec un plaisir apparent des performances

« Le monocéros [narval] est un monstre marin... [pourvu] d'une très longue corne avec laquelle il peut percer un navire, causer son naufrage et tuer plusieurs hommes. »

— OLAUS MAGNUS, archevêque suédois (1555)

« Le narval a l'apparence pittoresque d'un léopard, avec sa couleur de fond blanc de lait, parsemée de taches noires, rondes et oblongues. »

— HERMAN MELVILLE, auteur américain, dans *Moby Dick* (1851)

pour en être récompensé, s'accouple et met au monde des baleineaux. Captif, le narval meurt. En 1969, un baleineau orphelin a été transporté par air du haut Arctique à l'aquarium de New York. En 1970, six narvals ont été introduits dans l'aquarium public de Vancouver. Tous sont morts après quelques mois de captivité. Des infections virales et bactériennes auraient causé leur décès.

Habituellement, les narvals vivent à proximité des glaces arctiques et c'est parmi elles ou près de la banquise qu'ils s'accouplent vers la mi-avril. Un seul homme aurait vu des narvals s'accoupler. Dans les années 1930, un Inuk polaire a observé un couple dans la baie de Melville, au nord-ouest du Groenland, et il a raconté au scientifique danois Christian Vibe que « les baleines copulaient en se tenant verticalement dans l'eau, leurs ventres tournés l'un vers l'autre ».

En été, les narvals nagent dans les baies et les fjords profonds, couverts de glace. Habituellement vers la mi-juillet, après une période de gestation de 15 mois, les baleineaux grisâtres et rondelets voient le jour. Les narvals femelles atteignent leur maturité sexuelle à cinq ans environ. Elles ont, au mieux, un baleineau tous les trois ans et au cours de leur vie probablement pas plus de quatre ou cinq. Elles protègent leur précieux rejeton avec une infinie sollicitude.

À bord d'un hélicoptère, j'ai eu l'occasion d'observer des mères et leurs petits, errant bien au-delà de la baie de Koluktoo, grandes formes éclaboussées de gris, mouchetées de lumière solaire, petits troupeaux de femelles avec leurs baleineaux, chacun d'eux offrant une réplique miniature de sa mère massive. De pâles silhouettes distordues surgissaient obliquement des profondeurs à la surface et devenaient soudain des narvals, la petite queue en forme de cœur des baleineaux s'élevant et retombant rapidement quand ils essayaient de suivre l'allure des puissantes adultes. Ils nageaient et respiraient ; très en dessous de moi, je voyais s'élever de petits souffles de vapeur. Ils se sont arrêtés pour se reposer tranquillement à la surface. Soudain, une rafale de vent leur a apporté le bruit de ferraillement métallique de l'hélicoptère. En un instant, les mères ont essayé de protéger leurs petits du danger perçu mais invisible. Les baleineaux se sont enfoncés les premiers dans les profondeurs protectrices suivis par les adultes plongeant en flèche, et durant un instant, la magnificence sculpturale de leur queue s'est profilée sur l'eau noire. « Chez aucune autre créature, les lignes de la beauté ne sont plus délicatement dessinées que dans les bords en croissant de ces queues », écrivait Herman Melville.

À la naissance, les baleineaux mesurent environ 1,5 m, pèsent dans les 80 kg et sont enveloppés d'une couche de graisse isolante épaisse de 2,5 cm, qui les protège des attaques du froid des eaux arctiques. Pendant deux ans environ, le baleineau et sa mère sont inséparables. Elle l'allaite fréquemment d'un lait riche en matière grasse, lui parle par petits cris aigus et par grognements, et à l'occasion joue avec lui. D'une falaise dominant la baie de Koluktoo, le biologiste canadien Holly Cleator a observé une mère narval et son petit. La mère plongeait profondément et refaisait surface un moment après, au-dessous de son baleineau. Il se roulait et glissait sur sa tête ronde et caoutchoutée. Elle a replongé, l'a poussé de nouveau, et cette fois le baleineau s'est mis à glisser sur son large dos, la queue battant dans un aimable jeu de secousses et de glissades.

Les baleineaux sont uniformément gris ardoise. Chez les immatures, le ventre devient d'abord gris pâle, puis d'un blanc brillant, doux comme du satin au toucher. L'adulte, disait Melville, « a l'apparence pittoresque d'un léopard, d'une

Le soleil couchant embrase le brouillard et les nuages
au-dessus de la baie de Koluktoo, dans la terre de
Baffin, où des centaines de narvals passent l'été.

Les défenses s'entrechoquent lorsque les narvals mâles se disputent la prédominance.
Flip Nicklin

couleur de fond blanc comme du lait, parsemée de taches noires, rondes et oblongues ». En vieillissant, même ces tachetures pâlissent.

Quand je vivais avec les Inuit du nord-ouest du Groenland, ils ont harponné et tué un vieux mâle. Sa défense brisée était un moignon massif, sa peau était d'un blanc pur, avec quelques taches légèrement grisâtres sur le dos et les flancs. La douceur de sa peau était déparée par plusieurs cicatrices. Sur le dos, certaines étaient probablement les vestiges d'un ancien coup de fusil ; d'autres, sur la tête et le cou, avaient peut-être été infligées par les défenses de mâles rivaux. Les entailles des cicatrices étaient remplies de parasites communément appelés poux du narval (*Cyamus monodontis*). En réalité, ce sont de petits crustacés, hautement spécialisés, qui s'accrochent à leur hôte lisse et rapide avec des pattes en forme de faucille, pointues comme des aiguilles. En dépit de son âge, de ces anciennes blessures et de cette masse de parasites, ce mâle était en pleine forme. Il pesait dans les 1 600 kg, légèrement moins que le maximum de 1 800 kg enregistré pour un narval, et il était enveloppé d'une couche de graisse de plus de 10 cm d'épaisseur.

Établir l'âge d'une baleine est un art ancien. Il y a plus de 2 000 ans, Aristote savait que les dauphins vivent « vingt-cinq ans et certains trente ans » et il explique que « les pêcheurs entaillent parfois leur queue et les laissent repartir, et par ce moyen on évalue leur âge ». Quand on sectionne la défense d'un narval, les couches de cément, semblables aux anneaux annuels des arbres, indiquent aux scientifiques l'âge de l'animal. Les défenses coupées pour étudier la longévité des narvals révèlent qu'ils peuvent vivre jusqu'à trente ans.

Comme bien d'autres, Buffon croyait que les narvals embrochaient les poissons avec leur défense et les mangeaient en brochette. Les narvals sont des chasseurs efficaces mais ils n'utilisent probablement jamais leur défense. Ils chassent habituellement en solitaires. Ils plongent profondément, à 300 m ou plus, « survolent » le fond de l'océan, happent les flétans du Groenland, d'un gris de vase, et écrasent les chaboisseaux arctiques à grosse tête et pleins d'arêtes, sur le dur rebord de leurs mâchoires dépourvues de dents. Ils nagent à travers les bancs de crevettes dansantes et avalent des bouchées de crustacés croustillants, riches en graisse et en protéines. Parfois, ils chassent efficacement en groupe, rassemblant des bancs de morues arctiques, au flanc argenté, qui surabondent dans le Grand Nord et sont leurs proies favorites.

Une nuit du milieu d'août, depuis la côte de la baie d'Inglefield, au nord-ouest du Groenland, j'ai observé des baleines en chasse. Les marées étaient les plus hautes de l'année ; poissons et baleines s'approchaient du rivage. Des nuées de mouettes tridactyles planaient au-dessus de l'eau, plongeaient et surgissaient avec une prise. Les narvals chassaient en groupe. Près de la surface, cinq à dix baleines poussaient l'une vers l'autre la masse de poissons. Lors d'une telle chasse, les narvals se gorgent de morues, chacun pouvant en avaler 100 kg. En 1924, l'auteur et explorateur Peter Freuchen a tué un narval dans le détroit d'Éclipse de la terre de Baffin : « Son estomac était tellement bourré de petites morues arctiques qu'il ne pouvait en contenir davantage. Et de plus, sa bouche, sa gorge et même les recoins de sa mâchoire en étaient garnis. Je n'ai jamais vu un animal aussi plein. »

Ce qui distingue le narval, ce n'est pas son nom ambigu et quelque peu sinistre, sa coloration bizarre ou son habitat éloigné et glacé, mais c'est la défense d'ivoire du mâle, qui fait songer au croisement d'un tire-bouchon et d'une lance de

Les Islandais l'appellent « *narhual,* ce qui signifie la baleine qui se nourrit de carcasses, parce que *hual* veut dire baleine, et *nâr,* cadavre ».

— THORLAC SCALONIUS, évêque islandais (vers 1630)

La défense « sert surtout à donner des coups frontaux... quand le narval défend le baleineau et les femelles contre les requins de l'Arctique ».

— A.G. TOMILIN, scientifique russe (1967)

Double page : *autrefois menacée d'extinction, la population d'ours blancs s'est accrue grâce à la protection et à la gestion des gouvernements concernés.*

tournoi. Depuis qu'elle est connue, les humains ont fait preuve d'une ingéniosité et d'une fantaisie extraordinaires pour en expliquer la raison d'être : on a proposé des hypothèses aussi sauvages que de transpercer bateaux ou baleines boréales et d'autres aussi bénignes que de piquer des algues.

Tous les narvals ont deux dents à leur mâchoire supérieure et aucune autre. Chez les femelles, ces dents ont une longueur de 25 cm. Ce sont des chevilles d'ivoire de la grosseur d'un doigt, qui restent normalement cachées dans leurs alvéoles, le réceptacle mandibulaire des dents. Chez trois pour cent environ de toutes les femelles, la dent gauche perce et devient une défense torsadée, le plus souvent mince et dépassant rarement 1,25 m. Il existe une étonnante exception. En 1684, le capitaine d'un baleinier qui avait tué une femelle en gestation, près du Spitzberg, a fait don de son crâne orné de deux défenses d'environ 2 m chacune au musée de Hambourg, en Allemagne.

Chez les mâles, la dent droite reste normalement enchâssée. Quand le baleineau mâle atteint deux ans, sa dent gauche continue de grandir, perce sa lèvre supérieure et s'avance en spirale senestrorsum. Lorsque la croissance est terminée, la défense mesure dans les 3 m et sa circonférence à la base dans les 20 à 22 cm. La défense est ronde, régulièrement conique, et creuse sur presque toute sa longueur, la cavité étant remplie avec la pulpe dentaire. Sur environ 30 cm, la défense est « vissée » dans le gros crâne plat et asymétrique du narval. La pointe de la plupart des défenses est habituellement polie et d'un blanc brillant ; les rayures sont densément remplies d'algues vertes.

Un mâle sur 500 environ possède deux défenses, celle de gauche étant normalement plus longue et plus forte. Les deux défenses sont spiralées dans la même direction, de droite à gauche. Peu de gens, dans l'Arctique, ont vu un narval à deux défenses. Le chirurgien John Laing, à bord du baleinier *Resolute*, en a aperçu deux le même jour. Le 10 juin 1806, près du Spitzberg, il y avait « plusieurs licornes de mer non loin du bateau. J'ai remarqué que deux... avaient une double corne d'une taille considérable ». Cet attribut est maintenant devenu la malédiction du narval. Les mâles sont intensément poursuivis et les rares narvals aux défenses jumelles sont doublement maudits. En 1978, un crâne de narval à deux défenses a été vendu 5 000 $ à Pond Inlet.

Près du tiers de toutes les défenses de narval sont brisées, la plupart près de la pointe, certaines au milieu. De quelques-unes, il ne reste qu'un chicot ébréché. Le tissu dentaire exposé est habituellement enflammé et dégage une odeur putride désagréable. La pauvre baleine, on l'imagine, souffre d'un terrible mal de dent. L'extrémité ouverte de la défense creuse est souvent obturée par des sédiments ou des cailloux. Les Inuit disent que la baleine, ayant affreusement mal, enfonce sa défense cassée dans le fond de l'océan pour remplir la cavité.

Le savant danois Morton P. Porsild, qui a examiné des centaines de défenses de narval au Groenland, écrivait en 1922 que « le plus étrange est qu'il n'est pas rare que l'on trouve l'extrémité d'une autre défense, plus petite, enfoncée dans la cavité et cassée, comme un véritable plombage ». Les Inuit ont conté à Porsild de merveilleuses histoires à ce sujet. D'après eux, un vieux mâle à la défense brisée peut amener un jeune mâle à enfoncer sa défense dans la cavité, brisant ensuite d'une secousse la défense du narval plus jeune.

Dans sa *Relation de Groënland*, Isaac de La Peyrère raconte qu'en 1640, le roi du Danemark « voulant offrir en présent un morceau de [sa] corne, [et ayant ordonné

qu'elle soit coupée] découvrit une cavité et fut surpris d'y trouver une petite corne, de la même forme et composition que la grande... la petite mesurant un pied ». Certains scientifiques pensent maintenant que ces défenses insérées dans d'autres défenses proviennent de joutes frontales, mais d'autres ont une explication plus prosaïque : c'est, disent-ils, un bouchon dentaire créé par la cicatrisation de la dent.

Pendant des siècles, les baleiniers, les explorateurs et les savants ont fait preuve d'une grande imagination pour établir le rôle de la défense du narval. « Il se sert de sa corne pour obtenir une herbe marine qui constitue sa nourriture particulière... et aussi pour creuser un trou dans la glace quand il veut de l'air », écrivait le missionnaire morave David Crantz, en 1768. Peter Freuchen disait que la défense servait à déloger les poissons plats qui habitent sur le fond. Le scientifique russe A.G. Tomilin pensait que la défense « servait surtout à donner des coups frontaux... quand le narval défend baleineaux et femelles contre les requins de l'Arctique ». Dans *Moby Dick*, Melville, amusé par toutes ces théories, est d'avis que la défense peut servir au narval de coupe-papier. Au début du XIXe siècle, cet observateur astucieux qu'était le savant baleinier William Scoresby avait prétendu que la défense était surtout un ornement du mâle, un caractère sexuel secondaire, comme la crête du coq, la barbe de l'homme ou la crinière du lion.

Les théories modernes montrent plus d'imagination que la simple tarière à glace ou la foène à poisson des idées passées. On a supposé que la défense au poli blanc servait de leurre pour attirer des proies phototropiques ou qu'elle fendait les eaux et réduisait la résistance à l'avancement. Certains spécialistes des dents croient que la défense est un mécanisme de refroidissement, par lequel le narval, isolé dans sa graisse, « élimine l'excès de chaleur produit par les efforts soudains d'une activité physique inhabituelle ». La notion la plus intrigante a peut-être été proposée par le bioacousticien canadien Peter Beamish, qui pense que les mâles utilisent leur défense pour « des joutes acoustiques », concentrant des sons de haute intensité par le creux de leur défense sur l'oreille sensible de leur opposant. Dans ces duels, la baleine ayant la défense la plus longue gagne, car elle est la première à assourdir sa rivale.

Puisque seuls les mâles sont dotés de défense, il est surprenant que l'on n'ait guère suggéré que les mâles rivaux s'en servaient comme de rapière pour se battre en duel, en vue d'obtenir les faveurs de femelles. « Ils ont l'air de se battre avec ça », disait le naturaliste britannique Robert Brown, en 1868. En 1903, les Inuit de Pond Inlet ont expliqué au géologue et explorateur canadien A.P. Low que les narvals utilisent leur défense pour « des batailles domestiques ». Comme les vieux mâles sont souvent cousus de cicatrices, on peut raisonnablement avancer l'hypothèse que ce sont des balafres de batailles. En août 1957, l'Inuk George Moto a trouvé un narval échoué près de Candle, en Alaska ; insérée dans sa mâchoire gauche supérieure, se trouvait la pointe brisée de la défense d'un autre narval. Actuellement, les observations extensives des scientifiques canadiens Helen Silverman, M.J. Dunbar, John et Deborah Ford ont confirmé que la défense est bel et bien utilisée dans des combats.

Les narvals mâles croisent leurs défenses comme des épées, dans des combats au-dessus ou au-dessous de la surface de l'eau, et les entrechoquent avec de curieux claquements de morceaux de bois. Les jeunes narvals mâles, comme les

La défense du narval « n'est d'aucune utilité comme arme défensive ; car la baleine lui est si attachée et en prend tellement soin que rien ne peut l'approcher ».

— *Le miroir du roi*, auteur inconnu (XIIIe siècle, Islande)

Publié en 1732, un livre de voyages marins et terrestres montre le crâne asymétrique d'une licorne de mer et sa corne. En haut, la partie postérieure, du côté du cou, et en bas, le crâne vu de dessous. Metropolitan Toronto Library Board

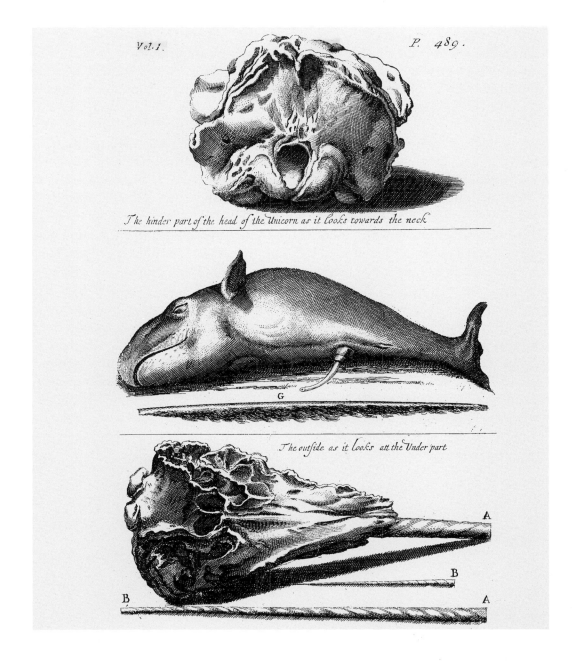

jeunes mâles de bien des espèces, y compris ceux de l'espèce humaine, jouent à se battre ; ils font de nombreux assauts mais s'éperonnent rarement. Silverman et Dunbar ont noté que la circonférence et la longueur des défenses s'accroissent rapidement lorsque les jeunes mâles atteignent leur maturité sexuelle, à 8 ou 9 ans. La défense devient un signe de suprématie ; plus longue est la défense, plus grands sont le pouvoir et le prestige du mâle. Les combats établissent le statut de la prédominance et de la hiérarchie, les joutes rituelles le maintiennent et les mâles les plus forts, dotés des défenses les plus grandes, s'accouplent avec le plus grand nombre de femelles. La défense est la mesure du mâle comme chez la licorne, elle est le symbole de sa puissance et de son pouvoir.

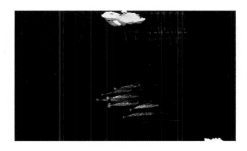

LA CORNE MAGIQUE

En 1596, la reine Élisabeth Ire d'Angleterre envoya en France son ambassadeur, sir Henry Winton. Peu après son arrivée à la cour du roi Henri IV, sir Henry tomba sérieusement malade. On présuma qu'il avait été empoisonné, ce qui n'était pas une hypothèse déraisonnable. L'empoisonnement pour des raisons privées ou politiques était fort commun en Angleterre et en France. Pourtant, dans aucun de ces deux pays il n'a été pratiqué avec la compétence et la finesse atteintes en Italie, durant la Renaissance. D'après un récit contemporain, l'ambassadeur malade « ... a été soigné avec *Confectio alcarmas*, un médicament composé de corne d'unicorne, de musc, d'ambre, d'or et de perles, et avec des pigeons appliqués à son côté et tous les autres moyens dont l'art pouvait s'aviser, suffisants pour expulser le plus violent poison... ».

Pour un prince ou un potentat du Moyen Âge et de la Renaissance, être empoisonné était un risque professionnel important. Les nobles indociles et les sujets mécontents en usaient de préférence pour se débarrasser par eux-mêmes de souverains détestés. Mais il n'y avait pas que les sujets qui utilisaient le poison : les rois et les reines pouvaient être particulièrement dangereux. La reine de France, Marie de Médicis (1573-1642), avait recours aux services d'un empoisonneur personnel, un Florentin onctueux, aux mains couvertes de taches et au sourire démoniaque. La famille des Médicis était brillante mais redoutable. On rapportait que le père de Marie, François Ier, grand-duc de Toscane, avait été empoisonné par son frère, le cardinal Ferdinand, et que sa mère était morte 15 heures plus tard.

L'arsenic était le poison favori. Il était bon marché, mortel et facile à obtenir. Avalé, il produisait des crampes violentes, des vomissements et la mort par défaillance cardiaque et rénale. À l'occasion, les empoisonneurs imprégnaient de poison les habits de leur victime ; absorbé lentement par la peau, il procurait une mort lente. Au XIVe siècle, le roi Jean de Castille serait mort après avoir porté des chaussures trempées dans du poison ; le roi Henri VI d'Angleterre (1421-1471) est censé avoir succombé à des gants empoisonnés et le célèbre protecteur des arts, détenteur de plusieurs cornes de licorne, le pape Clément VII (1478-1534), un Médicis lui aussi, est décédé après avoir inhalé la fumée d'un flambeau de procession ingénieusement empoisonné.

L'aconitine, appelée souvent « la reine mère de tous les poisons », était extraite des rhizomes de l'aconit jaune ou de l'aconit napel, une plante aux fleurs bleu foncé en forme de casque. Peu après son ingestion, l'aconitine produit une sensation de froid intense qui envahit tout le corps de l'intérieur. Dans *Henri IV*, Shakespeare parle du « venin de la suggestion », qui agit « aussi fortement que l'aconit ». La ciguë, une plante commune des marécages, crée une lente suffocation. Une pincée de jusquiame produit une gaîté folle suivie de violentes crampes et d'une mort soudaine.

Outre les praticiens royaux et leurs aides, il y avait des professionnels très doués, comme l'empoisonneuse milanaise Aqua Toffana. L'auteur britannique Odell Shepard écrit à son sujet : « On dit qu'elle a liquidé plus de six cents personnes pendant un demi-siècle d'exercice, avant d'être étranglée publiquement à 70 ans. » Au XVIIᵉ siècle, à Paris, certaines dames qui vendaient des élixirs d'amour, distribuaient aussi, à la dérobée, de petites enveloppes emplies d'un poison connu sous le nom populaire de « poudre d'héritage ».

Plusieurs substances étaient censées détecter le poison : une pierre de bézoard, une langue de serpent, une griffe de griffon et le bizarre et gigantesque coco de mer. Chaque fruit de ce grand palmier, qui pousse aux îles Seychelles, dans l'océan Indien, peut peser jusqu'à 45 kg. On le disait si efficace pour combattre le poison que « certains rois [craignant de mourir empoisonnés] avaient échangé un bateau chargé contre un seul fruit », notait en 1827 le célèbre botaniste anglais William J. Hooker.

Toutes ces substances, cependant, étaient de peu d'importance, des curiosités utilisées seulement en cas d'urgence. Le seul antidote auquel les souverains attachaient le plus grand prix, l'alexipharmaque sans pareil depuis plus de 4 000 ans, était la corne de licorne. « L'authentique [corne] de licorne est bonne contre le poison », déclarait le savant et médecin suisse Konrad von Gesner, en 1551. « L'expérience prouve que quiconque ayant pris du poison… se retrouve en bonne santé s'il prend immédiatement un peu de corne de licorne. »

Partageant cette solide conviction, tous ceux qui craignaient le poison achetaient des cornes de licorne ou des fragments de celle-ci et les regardaient comme une protection essentielle — quoique coûteuse — contre le poison. En 1660, le lettré allemand J.F. Hubrigk demandait : « Y a-t-il un prince, un duc ou un roi dans le monde qui n'a pas vu ou possédé, et considéré comme une de ses plus précieuses possessions, une corne de licorne ? » On s'en servait dans les palais et les réfectoires, et aucun voyageur avisé ne quittait sa demeure sans elle. En 1591, l'explorateur anglais Thomas Cavendish s'est arrêté dans une ville du Brésil et « tous nos hommes… se sont trouvés mal d'avoir mangé une sorte de fruit doux et plaisant qui était empoisonné et n'eût été un gentilhomme dénommé Enefrio de Say… qui avait un morceau de corne de licorne, nous serions tous morts ».

La croyance dans les propriétés de contrepoison de la corne de licorne est venue d'Orient, particulièrement de l'Inde, où l'unicorne original était probablement le rhinocéros. Mais en Occident et dans une bonne partie de l'Orient, la défense de narval, beaucoup plus distinctive, élégante et impressionnante, est devenue la « corne de licorne », sa véritable nature étant démontrée par sa torsade unique, ses « spires cochléaires », selon la description du médecin anglais sir Thomas Browne (1605-1682). C'est cette corne que convoitaient les princes et qui valait dix fois son poids en or.

Le sinistre Tomás de Torquemada (1420-1498), qui a dirigé la sombre inquisition espagnole, ne s'asseyait jamais à table sans que sa nourriture et sa boisson ne soient mises à l'épreuve de sa corne de licorne. Charles Quint (1500-1558), empereur du Saint Empire romain germanique, a acquitté auprès du margrave de Bayreuth ce qui serait aujourd'hui une dette de plusieurs millions de dollars, en lui

La comtesse de Bath légua à sa fille, dame Elizabeth Kytson, « sa cassette de perles, avec les fleurs de diamant… et sa corne de licorne ».

— COMTESSE DE BATH (1561)

*Une licorne sauvage à la défense de narval,
dans l'édition allemande du célèbre bestiaire
d'Albert le Grand, publié à Francfort en
1545.*

donnant deux cornes de licorne. La ville de Dresde, en Allemagne, a payé 75 000 thalers sa corne de licorne. Exceptionnellement, on grattait un peu de poudre de cette corne pour servir de médecine, mais un règlement de la ville exigeait la présence de deux personnes de rang princier, lors de cette opération. La première épouse de Robert Dudley, comte de Leicester et favori de la reine Élisabeth Iʳᵉ, est morte brusquement, et au bon moment, sans doute d'empoisonnement. En 1576, craignant qu'à son tour il ne soit empoisonné, le comte a demandé aux Warden et Fellows du New College d'Oxford la corne de licorne en leur possession. Ils transigèrent en en sciant la pointe et en l'envoyant à Leicester. La corne tronquée se trouve encore dans la salle des archives du New College.

Puisqu'elles avaient une telle réputation, les cornes de licorne constituaient d'idéals présents entre souverains, exprimant par leur valeur et la nature de leur utilisation un heureux mélange de magnificence, de sollicitude et peut-être une subtile mise en garde. Vu la réputation de Catherine de Médicis, il était prudent de la part de son oncle, le pape Clément VII (celui qui fut empoisonné par la fumée d'un flambeau), d'offrir au beau-père de celle-ci, le roi François Iᵉʳ, une corne magnifiquement montée, lorsqu'elle épousa le dauphin de France en 1533. Le cadeau le plus somptueux fut fait par le plus fortuné des souverains du monde, le sultan de Turquie, qui envoya 12 cornes de licorne à Sa Très Catholique Majesté, le roi Philippe II d'Espagne (1527-1598).

Lorsque les plats étaient apportés à la table royale, un testeur touchait les viandes et les vins avec la corne de licorne. S'ils contenaient du poison, la corne de licorne était censée les faire se couvrir d'une écume noirâtre et bouillonner. Selon une croyance quasi universelle, la corne de licorne « transsudait » en présence de poison ; elle se mettait à briller et à laisser tomber des gouttes de sueur. C'est pourquoi les cornes, habituellement fixées à une poignée en or massif, incrustée le plus souvent de pierres précieuses, se trouvaient sur bien des tables royales, mettant en garde contre le poison. Puisque les empoisonneurs, partageant les mêmes croyances, se retenaient d'agir, les cornes de licorne ont, sans aucun doute, sauvé de nombreuses vies. Inévitablement, il y avait des bavures. En 1585,

*La magnifique côte nord-ouest du Groenland se
reflète dans les eaux glacées d'une baie.*

L'ivoire de morse de la Russie et de la Sibérie arctiques voyageait par d'anciennes routes vers l'Asie centrale, la Chine et le Proche-Orient.

le duc d'Anjou est mort subitement après qu'un valet eut « oublié » de vérifier son vin avec une corne de licorne. La rumeur voulait que le poison ait été administré par la mère du duc, la fascinante mais dangereuse Catherine de Médicis.

Puisque les licornes et leurs cornes étaient si étroitement associées à la royauté et au pouvoir, il n'est pas surprenant que deux sceptres, symboles suprêmes du pouvoir impérial, et un trône aient été confectionnés avec des cornes de licorne. Comme le sceptre des Habsbourg d'Autriche, le sceptre impérial de Russie était fait d'une corne de licorne bien fuselée. Ce sceptre a été utilisé pour la première fois le 10 juin 1584, au couronnement du tsar Fédor Ier. L'ambassadeur anglais, Jerome Horsey, assistait à la cérémonie et il rapporta que le tsar portait « sur la tête sa couronne impériale » et tenait « dans la main droite son bâton impérial fait d'une corne de licorne de trois pieds et demi de long, sertie de pierres précieuses, achetée à des marchands d'Augsbourg [Allemagne] par le vieil empereur [Ivan IV le Terrible] en l'an 1581, au prix de 7 000 marks or ».

Comme la plupart des défenses de narval provenaient du Groenland, une possession danoise, les rois du Danemark avaient la plus importante collection de défenses. Ils croyaient aussi passionnément et totalement que n'importe qui qu'elles étaient réellement des cornes de licorne. Un trône avait été fabriqué avec les plus magnifiques et le 7 juin 1671, le roi Christian V a été le premier monarque danois couronné assis sur le trône aux licornes, devenu instantanément célèbre comme l'une des merveilles de l'Europe. Le comparant au trône de Salomon, qui était fait d'ivoire et d'or, l'évêque officiant proclama : « Votre Majesté est aussi assise sur un trône de grand prix qui, par la gloire de son matériau... ressemble au trône de Salomon, et dans aucun royaume on ne peut donc en trouver un de semblable. »

Pour l'homme du Moyen Âge et de la Renaissance, la corne de licorne était la médecine magique qui guérit tout, la panacée. Non seulement pouvait-elle déceler un poison et guérir une personne empoisonnée, mais elle pouvait également guérir toutes les maladies humaines. Le bruit était largement répandu que dans des circonstances exceptionnelles, elle pouvait même réveiller un mort. Elle était indispensable à tout médecin ou pharmacien important. « Cette corne est utile et bénéfique contre l'épilepsie », écrivait Konrad von Gesner en 1551. Elle guérira « la fièvre pestilentielle, les rages, la prolifération et l'infection de la vermine et [détruira] les vers dans le corps, qui font défaillir les enfants ».

À Londres, l'affiche publicitaire d'un docteur du XVIIe siècle promettait que la corne de licorne guérirait, entre autres maladies, le scorbut, les ulcères, l'hydropisie, la goutte, les toux, la consomption, les accès d'évanouissement, les écrouelles, le rachitisme des enfants, la mélancolie, la chlorose et les occlusions. De plus, la publicité promettait qu'une boisson faite avec de la corne de licorne fortifierait « les parties nobles » et préserverait « vigueur, jeunesse et beau teint dans la vieillesse ». En tête de toutes ses autres vertus, la corne de licorne était un aphrodisiaque renommé. Un récit du XVIIe siècle promet qu'elle « surmontera la modestie et la résistance des femmes et qu'elle guérira [aussi] cors, brûlures d'estomac et yeux malades... ». Véritable médecine pour tous les maux et toutes les occasions, elle rendait abondamment fertiles les femmes stériles, magnifiquement puissants les hommes impuissants, et elle guérissait aussi de la vérole, une maladie vénérienne.

« **Les médecins sont souvent contraints de prescrire de la [corne de] licorne... parce que [les patients] demandent cette sorte de remède.** »

— AMBROISE PARÉ, chirurgien de quatre rois de France (1510-1590)

Le célèbre trône aux licornes du Danemark a été fabriqué avec l'ivoire de défenses de narval et de morse. En 1671, le roi Christian V a été le premier monarque couronné sur ce trône unique. Collections royales danoises, palais de Rosenborg

Un baleineau reste avec sa mère pendant environ deux années. Elle lui parle avec de petits cris aigus et des grognements. Animals Animals © Doug Allan

*Parmi les narvals mâles, la longueur de la
défense détermine le rang social.*
Flip Nicklin

La licorne devint l'emblème du pharmacien. Quand l'Apothecaries' Society of London a été fondée en 1617, deux cornes furent choisies comme supports pour ses armoiries. Les familles dont l'écu s'ornait d'une licorne, comme les von Krüdener, une famille baltico-germanique bien connue, peuvent avoir autrefois trempé dans la médecine. Aujourd'hui encore, en Allemagne, plusieurs pharmacies portent le nom de *die Einhornapotheke*, « la pharmacie à la licorne ». En cas de maladie, on grattait la corne pour obtenir de la « poudre de licorne » que l'on mélangeait avec de l'eau ou du vin. Le patient payait largement et buvait la potion. Cela ne marchait pas toujours, bien entendu. À Eisleben, quand Martin Luther, alors dans ses 62 ans, fut gravement malade, on lui administra des « doses de poudre de corne de licorne dans du vin... mais il est néanmoins mort dans la matinée du 18 février 1546 ».

Ces échecs n'étaient pas largement colportés. La foi dans la corne merveilleuse et salvatrice était presque universelle, les prix en étaient fabuleux et la fraude fréquente. Les substituts les plus communs à la poudre de corne de licorne étaient faits de broyages d'os de porc ou de baleine, de fossiles, de calcaire et de diverses sortes d'argiles, mélangés habituellement avec du savon.

Fabriquer de la fausse poudre de licorne était relativement simple. Mais, à cause de la forme spiralée unique de la corne authentique, il était beaucoup plus

« J'ai vu chez les Vénitiens [un mélange] de chaux et de savon ou de je ne sais quelles autres choses [vendu] comme corne de licorne. »

— RICHARD HAKLUYT, géographe anglais (1589)

À Londres, l'affiche publicitaire d'un docteur anglais du XVIIᵉ siècle vantait les pouvoirs de la corne de licorne. Bodleian Library (Wood 534 III b)

compliqué de fabriquer une imitation de corne, ou même de morceaux de celle-ci, si parfaite qu'un prince un peu fou accepte d'en payer le prix. Pourtant, des fraudes ingénieuses furent faites. Le Musée des arts et de l'artisanat de Hambourg possède deux coupes en « corne de licorne ». L'une est authentique, faite dans une défense de narval. L'autre est une magnifique imitation, les spires nécessaires ayant été taillées dans de l'ivoire de morse par un faussaire superbement doué.

André Thevet, voyageur français du XVIᵉ siècle, a visité un centre de fabrication d'imitations de cornes de licorne, dans une île de la mer Rouge. D'habiles artisans passaient à la vapeur des défenses d'éléphant ou de morse pendant 10 à 20 heures, ou les faisaient bouillir pendant six heures dans une décoction de mandragore. Puis, ils amincissaient et allongeaient les cornes assouplies, leur donnaient les torsades distinctives des défenses de narval et les vendaient avec des profits fabuleux en Europe, au Proche-Orient et en Asie comme « d'authentiques cornes de licorne ».

Pendant au moins 600 ans, la corne de licorne a été l'un des articles ayant le plus de valeur en Europe. Les souverains les payaient à prix d'or. Il en résultait un commerce important et très lucratif. Et, fort curieusement, personne ne semble s'être préoccupé de ce que, durant tout ce temps, on n'ait jamais vu la moindre licorne. Bien sûr, il y avait des rumeurs, des contes bleus et des histoires merveilleuses rapportées par des voyageurs ; mais pas une seule licorne, vivante ou morte, n'avait jamais été montrée à la cour ou sur la place publique. N'existaient que les cornes, gracieusement spiralées, et les hommes du Moyen Âge comme les esprits curieux de la Renaissance avaient accepté l'animal et sa corne magique sur la foi d'une croyance.

En vérité, dès les XVIᵉ et XVIIᵉ siècles, il y avait déjà quelques sceptiques. Ainsi sir Thomas Browne : « La mort nous a enseigné avec quelle sécurité un homme peut se fier à [la corne de licorne] ! » Le grand Ambroise Paré (1510-1590), chirurgien de quatre rois de France (et aussi de Catherine de Médicis), pensait que la corne de licorne avait peu ou pas du tout de valeur médicinale, mais remarquait avec réalisme : « Les médecins sont souvent contraints de prescrire de la [corne de] licorne... parce que [les patients] demandent cette sorte de remède. Si un patient qui a fait une telle demande mourait sans avoir obtenu ce qu'il voulait, la famille expulserait ce médecin et le dénigrerait par des commérages, en le traitant d'ignare. » Ambroise Paré prescrivait donc de la corne de licorne, en faisait payer une pincée l'équivalent de 1 200 $, souriait et notait dans son journal : « C'est que le monde veut être trompé. » C'était vrai et personne n'écouta l'historien flamand Goropius d'Anvers quand il déclara, en 1569 : « Je soupçonne parfois que c'est la corne d'un poisson. »

INUIT ET
TUGALIK

Le 13 juillet 1971, une tempête subite brise la glace et libère la baie d'Inglefield, au nord-ouest du Groenland, la région centrale de chasse des Inuit polaires et l'habitat estival de quelque 4 000 narvals. Depuis des temps immémoriaux, les narvals viennent en juillet à cet endroit, et le peuple le plus septentrional du globe les chasse. Pendant des semaines, à notre camp d'Inerssussat, on avait pensé au *kilaluga* (narval), parlé de *kilaluga*, rêvé de *kilaluga*. L'univers des pensées et des désirs profonds des chasseurs en est rempli. Ils s'assoient sur un promontoire près du camp et scrutent la grande baie avec une concentration intense et de puissantes jumelles jusqu'à ce que quelqu'un s'écrie : « *Kilaluga-hoi !* », « les narvals arrivent ! »

À toute vitesse, les hommes filent vers la plage et lancent à l'eau leurs lisses kayaks couverts de peau de phoque, les plus belles et les plus efficaces embarcations de chasse jamais construites. Ils pagaient silencieusement et rapidement sur la mer ridée par le vent, vers la trajectoire prévue des baleines. Les femmes s'assemblent sur le promontoire, excitées et tendues par l'attente. La chasse aux phoques du début de l'été a été pauvre, les approvisionnements ont diminué et au cours des deux dernières semaines nous avons surtout vécu de chaboisseaux arctiques, petits poissons aux nombreuses arêtes que l'on prend près de la côte, à travers la glace fissurée par la marée.

Les hommes se placent en éventail à travers une partie de la baie et s'immobilisent ensuite totalement. Leurs kayaks peints en blanc ressemblent à de la glace et plusieurs se tiennent près de morceaux de banquise et de petits icebergs, pour ne pas être détectés par les baleines méfiantes. Les narvals — une demi-douzaine de petites bandes de dix à vingt animaux chacune — nagent paresseusement vers le fond de la baie, une de leurs zones d'alimentation estivale favorites. Leurs têtes bombées brisent la surface ; de petits souffles de vapeur s'élèvent de leurs évents, et des dos noirs et polis glissent à travers la mer. Les chasseurs sont en place et attendent silencieusement, sans bouger. « Il est extrêmement difficile de chasser les narvals parce qu'ils ont l'ouïe incroyablement fine », disait l'auteur canadien Doug Wilkinson, qui a passé une année avec les Inuit de Pond Inlet et a chassé avec eux au début des années 1950. « Le bruit d'une goutte d'eau sur le tablier d'un kayak suffit à les faire descendre vers les profondeurs à la vitesse de l'éclair. »

La chance ne favorise qu'un seul chasseur. Un groupe de baleines passe près de Jes Qujaukitsoq : il fait alors glisser doucement son kayak dans leur sillage et pagaie de toutes ses forces. L'arrière du narval est son point le plus faible : quand le kayak est droit derrière une baleine, il n'est pas vu et rarement entendu, peut-être à cause de la turbulence créée par le sillage de l'animal. Jes pagaie à toute

Ci-dessus : les défenses de ces narvals mâles qui se battent en duel claquent avec un bruit bizarre de bois qui craque. En de rares occasions, un mâle enfonce sa défense dans la tête ou le flanc de son adversaire.
Flip Nicklin

Ci-contre : Masautsiaq, célèbre chasseur de narvals, pagaie dans la baie d'Inglefield.

vitesse pour rattraper les baleines. Sur le rivage, les femmes sont saisies d'une excitation frénétique, encourageant à distance la petite silhouette, comme des supporters enthousiastes à un match de football. Mais il ne s'agit pas d'un sport, c'est une question de nourriture et de survie, d'endurance et d'habileté, et c'est le vieux frisson de la chasse.

Lorsque Jes est juste derrière la baleine, il saisit son lourd harpon à pointe d'ivoire, le lance d'un mouvement égal et incroyablement puissant. Une seconde plus tard, les femmes poussent des cris de jubilation : « *Avatak! Avatak!* ». Le harpon a frappé et l'*avatak*, le flotteur en peau de phoque, danse au-dessus de l'eau ; la baleine atteinte est condamnée. Les autres kayaks convergent sur elle ; dès qu'elle fait surface, l'homme le plus proche la harponne à son tour, puis un troisième en fait autant et, bien vite, les chasseurs la tuent avec des lances. Ils fixent les *avataks* à la carcasse pour la maintenir à flot, attachent leurs kayaks en tandem et tirent la lourde charge inerte vers le camp. Seul Jes est libre, les devançant en glissant légèrement à coups de pagaie souples et faciles. Lorsque les kayaks approchent de la côte, il crie triomphalement aux femmes et aux enfants rassemblés sur la plage : « Nous amenons le *kilaluga*! Nous amenons un *tugalik* [une baleine mâle avec une défense] ! » À ce moment, une foule arrive. Chaque Inuk salarié du village voisin de Qaanaaq se précipite avec sa famille pour demander une portion de la baleine.

Jusqu'à tout récemment, la baleine morte était partagée selon une ancienne coutume d'équité, de dignité et de sagesse. L'homme qui l'avait harponnée le premier recevait la tête et la défense, un bon morceau du meilleur *muktuk* (la peau du narval, riche en vitamines, qui a un goût de noisette) et une coupe de viande au choix. Le deuxième lanceur de harpon prenait de petits morceaux, et ensuite, chaque chasseur recevait une part en proportion de sa contribution à la chasse, sa taille étant fixée par la tradition. Toutefois, les chasseurs participants n'étaient pas les seuls à bénéficier du partage. Tout le monde pouvait venir sur la plage et demander une portion de la baleine, simplement en la touchant. De cette façon, certains vieillards et handicapés obtenaient leur nourriture, non par charité mais par droit d'ancienneté, selon un système imaginé par un peuple fier et généreux.

C'était la tradition des chasseurs, mais avec la venue d'une économie parallèle fondée sur les salaires, le système s'est déréglé. Dès que les chasseurs touchent au rivage, les citoyens bien payés de Qaanaaq courent à la côte et se servent eux-mêmes de *muktuk* et de viande. Partager la nourriture était une coutume inuk. Selon la coutume introduite par les Européens, les salaires ne sont pas partagés. Inerssussat, un des meilleurs endroits de chasse de la région, a donc été lentement abandonné. Les chasseurs sont partis dans des camps éloignés, situés loin du village, et habités uniquement par d'autres chasseurs et leur famille, pour qui le partage est toujours réciproque.

Au XIIIe siècle, lorsque le climat s'est radicalement refroidi, les Inuit ont quitté le Grand Nord ou se sont éteints, sauf les Inuit polaires de la région de Thulé, très riche en gibier. Pendant 500 ans environ, jusqu'à ce qu'ils soient découverts par l'explorateur britannique John Ross, les quelque 200 Inuit polaires survivants ont vécu dans un isolement complet. Pendant ce long isolement, ils perdirent l'art de fabriquer des kayaks (ils se souvenaient des kayaks comme d'embarcations mythiques), mais ils étaient devenus extraordinairement habiles pour chasser les

Si vous « rencontrez des Esquimaux, vous devez les traiter avec civilité... et les encourager à faire commerce... de cornes d'unicorne... ».

— COMPAGNIE DE LA BAIE D'HUDSON, instructions aux capitaines (1798)

« Bien des [Inuit polaires] portent une lance faite de la corne d'un narval. »

— SIR LEOPOLD M'CLINTOCK,
explorateur arctique britannique
(1857)

narvals parmi les glaces. Les Inuit polaires, disait Ross en 1818, « mangent toute sorte de nourriture animale ; mais le phoque et la licorne de mer sont ce qu'ils préfèrent... La licorne de mer est prise au harpon... et comme elle fréquente les vides et les trous d'eau dans la glace, elle devient une proie facile pour les autochtones ».

Dans une contrée où même un petit morceau de bois à la dérive est rare et précieux, les défenses de narval ont pris la place du bois. À l'aide des outils les plus simples et avec beaucoup d'habileté et d'ingéniosité, les Inuit ont fabriqué des patins de traîneau avec des défenses dont ils se servaient aussi comme piquets de tente. Leurs lances, notait l'explorateur américain Elisha Kane, en 1854, étaient « une arme vraiment formidable. La hampe en était la corne d'un narval ». En 1814, le lieutenant Edward Chappell, de la Royal Navy britannique, s'est arrêté dans les îles Savage, dans le détroit d'Hudson, où les autochtones lui ont montré leurs flèches dont la tête était faite « d'une défense de licorne de mer ». Quand, en 1884, le célèbre anthropologue américain Franz Boas a visité les populations du bassin de Foxe, dans le nord du Canada, il a trouvé que « les cornes de narval étaient le matériau favori [des harpons], une seule corne suffisant à fabriquer une hampe entière ». Et mon vieil ami Masautsiaq, un Inuk polaire avec lequel j'ai vécu durant plusieurs mois, se rappelait que dans sa jeunesse, au début des années 1920, quelques hommes âgés utilisaient encore un *ipu* dont le manche était fait d'une défense de narval. L'*ipu* est un filet au long manche qui sert à prendre les mergules nains, ces petits oiseaux gras qui sont une importante source de nourriture pour les Inuit polaires. Il est toujours en usage, mais son manche est maintenant en bambou.

Les narvals étaient essentiels à la survie des Inuit polaires. Le savant danois Christian Vibe a vécu parmi eux pendant plus d'une année et il écrivait en 1940 : « Toute l'existence des Esquimaux polaires dépend de la capture de cet animal, car ils en obtiennent toutes les nécessités de la vie. » Les baleines étaient toujours aussi importantes lorsque je suis venu vivre avec eux, en 1971. D'Inerssussat, où se confrontaient les cultures, je me suis déplacé à Kangerdlugssuaq, un camp éloigné près de la baie d'Inglefield, où ne vivaient que des familles de chasseurs.

Une petite rivière s'écoulait du *sermerssuaq*, « le glacier géant », comme les Inuit polaires appellent la calotte glaciaire de plus de trois mille mètres d'épaisseur qui recouvre le Groenland. Nos tentes étaient situées près du cours d'eau, où se trouvaient aussi une ancienne maison en gazon, des anneaux de tentes et des caches-sous-roche très anciennes, car à cet endroit les Inuit ont chassé les narvals durant des centaines, peut-être des milliers d'années. Derrière notre camp, dans la baie, il y avait une petite île chargée d'histoire, dénommée Qingmiunegarfiq, « l'endroit où on laisse les chiens » (en été). Les Inuit pensent qu'ils sont le premier peuple auquel la terre elle-même a donné naissance. Les Blancs ont une origine moins flatteuse : ils descendraient d'une fille inuk qui est allée dans l'île de Qingmiunegarfiq et s'est accouplée avec l'un des chiens. Et comme le rejeton de cette union infortunée causait un embarras général, on le mit, avec sa mère, dans un bateau ; tous deux dérivèrent loin vers le sud et ils devinrent les ancêtres de tous les Blancs, ce qui expliquerait leur façon de s'imposer, leur nervosité et leurs piètres manières.

Pour chasser le narval, les Inuit du Canada utilisent maintenant des moyens modernes. Ils chassent en été avec des embarcations très puissantes et des fusils à

Narvals sur la plage, à la baie de Koluktoo,
dans la terre de Baffin.

Découpée en lanières, la viande de narval
sèche sur des supports, près du camp.
C'est une nourriture importante pour
les mois d'hiver.

Quand les Inuit découpent des narvals, les
requins du Groenland s'approchent de la
côte, attirés par l'odeur du sang.

Le tendon de narval est le meilleur fil pour coudre les vêtements et la peau des bottes.

grande portée. La chasse est rapide, excitante, très onéreuse, et souvent elle dégénère en un beau gaspillage puisque l'on tire d'abord sur les baleines et qu'ensuite, si c'est possible, on les harponne. Beaucoup coulent et sont perdues. Grièvement blessées, d'autres s'enfuient et meurent plus tard. Les spécialistes des mammifères marins, Kerry Finley et Garry Miller, ont fait une étude détaillée de la chasse au narval près de Pond Inlet, en 1979. Ils ont rapporté à la Commission internationale des baleines que « la valeur commerciale de ses défenses est une incitation majeure à l'abattage du narval [et que] l'introduction de la technologie moderne a contribué à une chasse gaspilleuse et inefficace ». Ils ont estimé qu'au moins cinquante pour cent de toutes les baleines tuées étaient perdues ; elles coulent avant de pouvoir être harponnées et récupérées.

Dans une autre étude, le montant des pertes est beaucoup plus élevé : pour chaque baleine tuée et récupérée, trois ou quatre sont tuées et perdues. La chasse au narval permise dans l'Arctique canadien est réglementée par un système de quotas communautaires. En tout, 542 baleines peuvent être capturées, mais cela

Les anciens tours de main sont transmis de génération en génération. Il faut de l'expérience pour coudre le revêtement en peau de phoque d'un kayak. Les femmes âgées exécutent habituellement les coutures les plus difficiles.

Des Inuit polaires gaffent des flétans du Groenland morts, qui ont dérivé dans un chenal. Ce poisson plat servira de nourriture aux chiens de traîneau. Le flétan du Groenland est aussi une importante source de nourriture des narvals.

n'inclut pas les pertes. Le nombre total des baleines tuées est au moins le double et peut s'élever même à 1 500 ou 2 000 animaux. Les anciens Inuit s'inquiètent de ce gaspillage. Un chasseur de Pond Inlet, Appaq, a dit à Finley : « En tant qu'Inuit qui souhaitons avoir de la viande à l'avenir, nous devons considérer soigneusement notre chasse. En tant qu'hommes, nous devons commencer à parler à nos enfants de la chasse pour qu'ils soient mieux à même de nous suivre... Nous devons dire à nos enfants de ne pas dilapider la viande à la chasse. »

Les Inuit polaires ont opté pour l'ancienne façon qui demande beaucoup d'habileté et d'endurance, mais qui est efficace et évite le gaspillage. On ne peut chasser les narvals qu'avec des kayaks et il faut les harponner avant de les tuer avec des lances ou un fusil. Peu d'animaux sont perdus et, comme auparavant, les baleines procurent aux gens bien des « nécessités de la vie... ».

À Kangerdlugssuaq, notre existence s'écoulait au rythme ancien et hors du temps de la vie de chasseur. De courtes poussées d'efforts extrêmes étaient suivies de longues périodes de repos et de travail tranquille. Ululik Duneq, avec lequel je

Les kayaks, lisses et rapides, sont peut-être les embarcations de chasse les plus belles et les plus efficaces jamais fabriquées par l'homme.

Les Inuit chassent le narval pour sa viande, sa peau riche en vitamines et l'ivoire précieux des défenses des mâles.
Janet Foster/Masterfile

vivais, un homme de forte carrure dans la cinquantaine avancée, était venu au camp avec deux planches de 1,25 cm d'épaisseur. Avec un couteau, une scie et un rabot, il en a fait progressivement un très beau squelette de kayak. Son épouse, Aqatanguak, aidée par d'autres femmes du camp, a cousu le revêtement en peau de phoque. Les enfants observaient, aidaient ou jouaient très avant dans la nuit lumineuse. Notre vie était simple, détendue, calme et harmonieuse. Mais quoi que nous fassions, quelqu'un scrutait toujours la baie et quand cette vigie criait « *Kilaluga-hoi !* », on abandonnait tout, et le drame ancien de la chasse recommençait, parfois avec succès, souvent sans succès.

Quand les chasseurs revenaient en triomphe avec une baleine, chacun, dans le camp, aidait à hisser la carcasse à terre, puis on se tenait debout en silence pour l'admirer sans que personne n'y touche. Par tradition ancienne, c'est la prérogative de l'homme qui a harponné la baleine le premier. Il coupait une fine bande de *muktuk* sur le bord d'attaque de la queue. Par ce geste symbolique, il nous

Une femme nettoie un tendon de narval qui servira de fil extrêmement résistant.

invitait au partage. On s'agenouillait autour de la baleine et on mangeait d'abord du *muktuk*, puis des morceaux de viande crue, de couleur brune, persillée d'une graisse d'un blanc crémeux, hautement énergétique.

Après ce repas commun, la baleine était partagée selon l'ancienne coutume. Chaque chasseur prenait la portion exacte à laquelle il avait droit. Un vieux couple touchait la baleine et prenait ensuite sa part de viande, de graisse et de *muktuk*. Durant toutes les semaines de mon séjour, je n'ai jamais entendu une dispute.

Près de la moitié de la viande et une partie de la graisse étaient mises en réserve pour la nourriture des chiens de traîneau. Lorsqu'ils travaillent en hiver (et les hivers sont longs dans la région de Thulé : juillet est le seul mois de l'année où la température moyenne s'élève au-dessus de zéro), ils reçoivent environ 500 g de viande et 125 g de graisse par jour. Les 1 200 chiens de traîneau de la région consomment 200 000 kg de viande et 50 000 kg de graisse par année.

Dans un camp de chasse, on nourrit les chiens de traîneau.

*Kayaks sur leurs supports, près du camp ;
les icebergs étincellent sur fond de ciel noirci
par une tempête qui approche.*

Des chasseurs inuit polaires reviennent à
terre avec le narval qu'ils ont tué.

La viande restante était débitée en lanières et séchée sur des supports ou des rochers près du camp. Le *nipku*, ces tranches de narval, coriaces mais riches en protéines (« ... la viande séchée de licorne, qui semble avoir été parcheminée », notait Ross en 1818), est important pour l'alimentation hivernale. Coupé en fines lamelles, on le mange avec de l'huile de baleine ou de phoque. Quelques gros morceaux de viande, gras et garnis de leur peau, spécialement des queues entières, sont entreposés dans des caches spéciales enduites de graisse où ils vieillissent lentement durant une année ou plus, donnant l'*iterssoraq*, la viande fermentée. Sa peau est d'un vert brillant, sa graisse vert olive et la viande est noire, marbrée de verdâtre. Le goût de ces différentes parties varie de celui du brie à celui du roquefort, du stilton fort, du gorgonzola âgé à l'odeur prenante, procurant un changement épicé à notre régime douceâtre composé de viande crue ou bouillie et de blanc de baleine.

Toute la peau, le *muktuk* (de 100 à 130 kg, chez un gros narval), n'est pas mangée localement. Le surplus est vendu à des communautés situées plus au sud. Jadis, c'était le cuir idéal pour faire les traits des attelages de chiens. Il reste souple dans les hivers très froids et ne s'étire pas lorsqu'il est mouillé (pour ces raisons, l'une des premières utilisations commerciales du cuir de narval, au début du siècle, a été les fixations de ski). L'huile obtenue en fondant la graisse de narval était pour les Inuit un combustible de premier choix. Elle brûlait dans leurs *kudliks*, ces grandes lampes à huile de pierre en forme de croissant, avec une flamme d'un blanc pur, très chaude.

Et, autrefois comme aujourd'hui, l'*ivalu*, le tendon de narval, procure aux Inuit le meilleur fil du Nord. Enlevé du dos du narval, nettoyé avec soin et séché, le tendon fait un fil parfait pour les gens de l'Arctique parce qu'il est extrêmement solide, se moule sur le cuir et ne le déchire pas. Les vêtements de fourrure, les bottes, les harnais des chiens et la peau des tentes d'autrefois, tout était cousu avec de l'*ivalu*. J'ai sans doute parcouru quelques milliers de kilomètres dans des bottes en peau de phoque que Tatagat, du fjord Grise, avait cousues pour moi en 1969, et toutes les coutures en sont encore parfaites. En 1971, Aqatanguak et ses amies ont cousu le revêtement en peau de phoque d'un kayak, avec les mêmes points étroitement rapprochés, en fil de tendon, comme leurs ancêtres l'ont fait pendant au moins 2 000 ans ; toutefois, elles utilisaient des aiguilles en acier tandis qu'autrefois celles-ci étaient en ivoire ou en os. (Maintenant, les Inuit du Canada utilisent souvent du fil dentaire ciré extra-fort à la place du tendon, mais il est loin d'être aussi solide.)

Le 10 août, la première tempête de neige de la saison balaie la région. À Kangerdluqssuaq, la cache est remplie de viande et de graisse, provisions pour le long et sombre hiver. Vers la fin de septembre, la glace frange la baie et les baleines commencent à partir. Même si les narvals sont des baleines de la glace, s'ils s'attardent trop dans la baie ou dans la passe, la glace peut les emprisonner et les tuer. Quand la glace accumulée à l'entrée d'une passe ou d'une baie coupe les baleines de la mer, ou qu'elle relie plusieurs îles et forme une ceinture continue si large qu'elles ne peuvent nager au-dessous vers la mer libre, alors les baleines sont prises dans un *savssat*, mot dérivé du verbe *sapivâ* qui signifie « barrer son chemin ». « Nous avons vu 1 000 animaux pris de cette façon, écrit Peter Freuchen. On pouvait entendre les cris de ces infortunés animaux à des miles. »

« **Toute l'existence des Inuit polaires dépend [des narvals]... ils en obtiennent toutes les nécessités de la vie.** »

— CHRISTIAN VIBE, savant danois (1940)

Une petite fille aide sa mère qui fixe le nouveau revêtement d'un kayak sur le châssis de bois.

Sous la nouvelle glace, les narvals peuvent respirer. En se servant de leur melon, le renflement élastique rembourré de graisse de leur front, ils courbent la glace par en dessous, créant des coupoles et des dômes emplis d'air. En l'utilisant comme bélier, ils peuvent casser de la glace épaisse de 15 à 18 cm. Mais, lorsque le froid s'intensifie, la glace trop épaisse ne peut être brisée, les trous d'eau libre se rétrécissent de jour en jour et les animaux paniqués s'évertuent désespérément à atteindre l'air, source de vie.

En 1943, on a découvert un savssat dans le Vaigat, le détroit au nord de l'île Disko, sur la côte ouest du Groenland. Le journal *Grønlandsposten* rapportait que les baleines rassemblées « se dressaient hors de l'eau, si près les unes des autres, que certaines d'entre elles étaient soulevées sur le dos des autres et faisaient la culbute... Cela grouillait, giclait, éclaboussait dans l'ouverture ». Même si les narvals sont les principales victimes des savssats, d'autres baleines aussi peuvent y être prisonnières. En 1750, l'historien danois Finn Gad notait qu'un grand savssat « a sauvé la population d'Egedesminde de la famine habituelle ». Plus de 1 000 bélugas furent capturés ainsi que 23 baleines boréales ; les autochtones mangèrent la viande et « ... la graisse et les fanons allèrent aux Hollandais ».

La découverte d'un savssat, dit Peter Freuchen, « est le rêve de tout Esquimau ». Cela signifie une chasse facile, des fêtes merveilleuses et de vastes réserves qui éliminent le spectre de la famine pour une année ou plus. En 1911, P. Freuchen et ses compagnons trouvèrent un savssat dans la baie de Melville. « La mer bouillonnait d'animaux frénétiques bataillant pour avoir de l'air », écrit-il. Les baleines ne montraient aucune crainte « et le bain de sang a duré quatre jours et quatre nuits ». Le savant danois Morton P. Porsild se souvient que sur la côte ouest du Groenland, « l'hiver 1914-1915 a été si extraordinaire que même les plus âgés ne se rappellent pas un hiver semblable ». Deux grands savssats se formèrent et les hommes chassèrent nuit et jour. « Un jeune chasseur a tué en une journée cinq grands mâles et en a pris seulement les défenses... Son profit pour cette journée de travail correspondait à cinq mois de salaire d'un journalier au Groenland ». En tout, dit Porsild, « ... plus de 1 000 animaux ont été tués dans les deux savssats ».

« **Les narvals... sont extrêmement difficiles à chasser à cause de leur ouïe incroyablement fine...** »

— DOUG WILKINSON, auteur canadien (1953)

Des dizaines de milliers de mergules nains se tiennent sur des pentes enneigées dans le nord du Groenland. Quand ils sont effrayés, ils dévalent les pentes des montagnes comme une avalanche aviaire.

Dans le Grand Nord, quelques colonies de mergules nains comptent des millions d'oiseaux. Ce petit oiseau grassouillet est une importante source de nourriture pour les Inuit polaires du nord-ouest du Groenland, le peuple le plus septentrional.

Dans l'immensité du Nord, de nombreux savssats ne sont pas découverts. Les baleines se battent pour maintenir ouvert le trou où elles respirent. S'il gèle et se ferme, elles suffoquent. Mais la glace peut dériver, une fissure peut se former et les baleines s'échappent vers la mer en la longeant. En de rares occasions, un autre ennemi chasse les narvals dans un savssat. Pendant l'hiver 1920-1921, rapporte le marchand Henry Toke Munn, les Inuit de Pond Inlet manquaient de nourriture et furent « secourus... par la découverte de vingt et un jeunes narvals tirés sur la glace par un ours [blanc] qu'ils tuèrent. Il les avait évidemment pris un par un, quand ils venaient chercher de l'air... Chacun de ces jeunes narvals pesait plusieurs centaines de livres... ».

Le dernier savssat découvert dans de la région de Thulé se trouvait dans la baie d'Inglefield, dans les années 1920, quand mon vieil ami Masautsiaq était encore un gamin. Il s'est rendu au savssat avec son père Ootah qui était allé avec Robert Peary jusqu'au pôle Nord — qu'avec beaucoup de réalisme les Inuit polaires dénomment Kingmersoriartorfigssuak, « l'endroit où l'on ne mange que des chiens ». Les baleines prises au piège étaient surtout des *tugalik*, « des mâles porteurs de défenses », et les hommes chassèrent durant des semaines dans l'obscurité bleu foncé de la nuit arctique. Un demi-siècle s'est écoulé, mais Masautsiaq se souvient des festins interminables, avec le sentiment nostalgique de quelqu'un qui se rappelle un banquet de 20 services au Ritz. « Nous avions tellement mangé, dit-il, que nous en étions presque malades. Nos estomacs étaient toujours distendus et nous étions très, très heureux. » Mais une autre année, m'a-t-il conté un jour, les baleines manquèrent, les caches restèrent vides et la seule nourriture du camp consistait en quelques morceaux de vieille graisse de couleur brun ambre. Petit garçon, il a survécu pendant des semaines de crottes de lièvres arctiques, trempées dans de l'huile rance, « et je criais de faim pendant la nuit et je ne voulais pas mourir ».

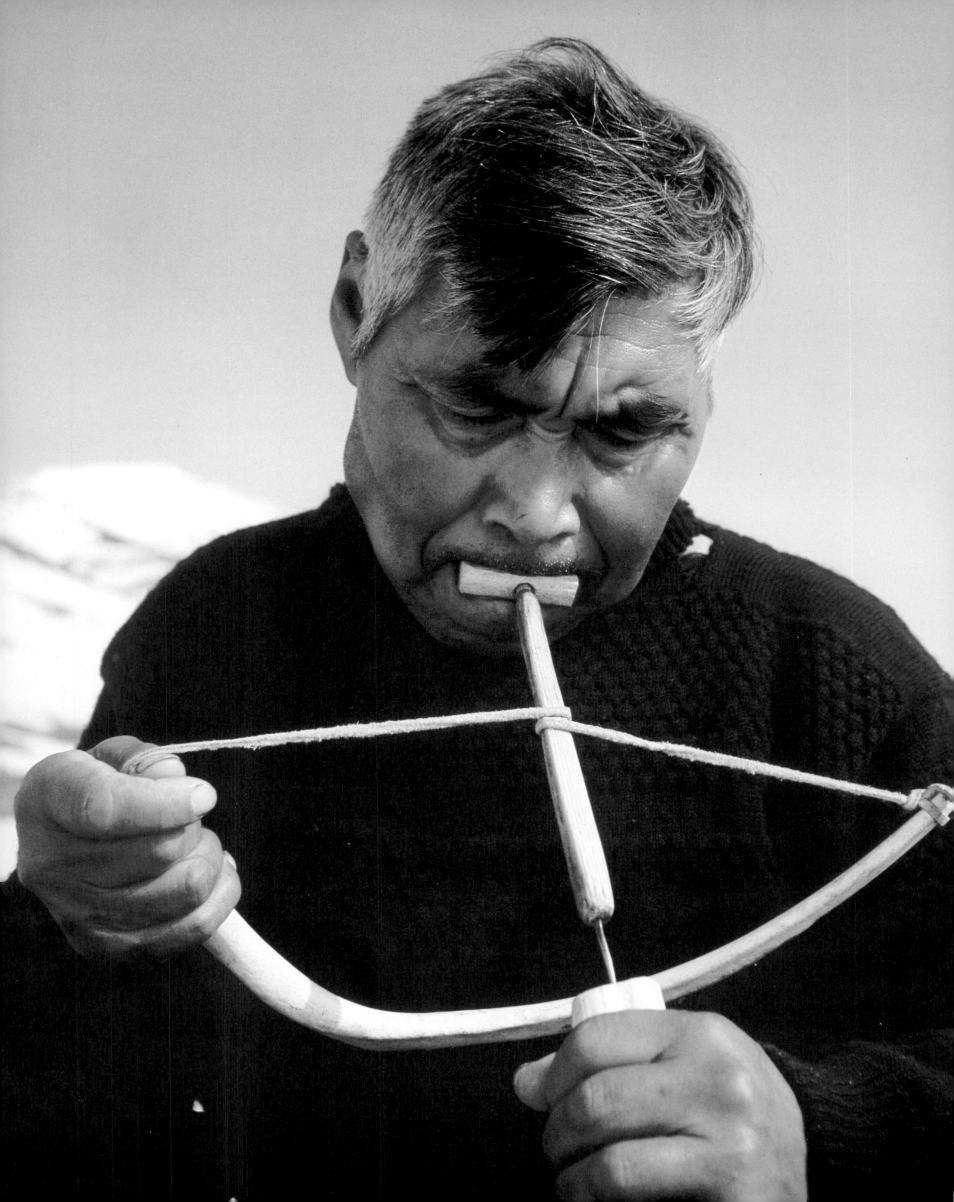

Ci-dessus : *une défense de narval est nettoyée et polie. Elle était vendue jadis comme corne de licorne. Les collectionneurs recherchent toujours ces défenses torsadées en ivoire.*

Ci-contre : *en se servant d'un traditionnel foret à arçon, un Inuk polaire fabrique un harpon d'ivoire.*

LA FILIÈRE VIKING

Ils venaient du Nord, sur leurs drakkars lisses, sauvages maraudeurs sans peur, qui pillaient et brûlaient, et toute l'Europe priait : « *A furore Nortmannorum, libera nos Domine!* », « De la fureur des Normands (les hommes du Nord), délivrez-nous Seigneur ! » Ils sont allés loin. Les puissants *rus*, les rameurs vikings, ont fondé l'État de Kiev et donné leur nom à la Russie. C'étaient des maîtres commerçants. Chaque année, dans la haute Volga, ils rencontraient leurs homologues arabes de Bagdad et de Damas, du Caire et de Samarkand. Le diplomate et marchand arabe Ibn Fadlan les avait rencontrés en 822 et il écrivit : « Je n'ai jamais vu de plus parfaits spécimens physiques, grands comme des palmiers dattiers, blonds et rougeauds. »

Les Normands apportaient des produits de grande valeur : des esclaves et du miel, des fourrures et de l'ambre, des peaux d'ours blanc, des gerfauts vivants de Norvège et d'Islande, de l'ivoire de morse et, occasionnellement, de très précieuses « cornes de licorne », qui étaient en fait des défenses de narval du Groenland. Les Arabes connaissaient l'article authentique. La véritable corne de licorne, disait au XIIIe siècle le géographe arabe al-Qazwini, est « pointue à l'extrémité et plus épaisse à la base, avec des striures en relief à l'extérieur et un trou à l'intérieur ».

Le but des grands voyages des hommes du Nord est clairement résumé dans ce compendium islandais de savoir et de sagesse du XIIIe siècle, *Le Miroir du roi*, dans lequel un père l'explique ainsi à son fils : « Si tu veux savoir ce que les hommes cherchent dans ce pays [le Groenland], pourquoi les hommes vont là au grand péril de leur vie, c'est la triple nature de l'homme qui le dicte... Une partie en est l'esprit de rivalité et le désir de gloire... Une autre partie est le désir de connaissances... La troisième partie est l'appât du gain ; les hommes recherchent les richesses partout où ils apprennent qu'ils feront des profits, même s'il s'y trouve de grands dangers. »

C'est ce triple désir de connaissances, de gain et de renommée qui, aux environs de 820, pousse un Normand nommé Floki à chercher une terre au-delà des mers nordiques inexplorées. Il quitte les îles Féroé, déjà connues, et au bout de quelques jours, utilisant un stratagème marin aussi vieux que Noé, fait sortir un corbeau d'une cage. L'oiseau retourne aux îles Féroé. Floki poursuit sa route et libère un deuxième corbeau, qui tourne longtemps en rond et revient sur le bateau. Un troisième oiseau est libéré quelques jours plus tard ; il s'élève haut dans le ciel et vole en direction du nord-ouest. Floki, surnommé dès lors « Floki le corbeau », suit l'oiseau, découvre l'Islande et lui donne un nom.

L'Islande a été rapidement explorée et peuplée par les Normands, avides de

Ci-dessus : *semblable à un drakkar sculpté par les vagues, un iceberg dérive sur la mer au large de la terre de Baffin.*

Ci-contre : *les Inuit de la culture de Thulé étaient de magnifiques chasseurs de mammifères marins. Des vertèbres de baleine boréale, blanchies par le temps, parlent de longs repas.*

terres. Peu à peu, des défenses de narval en provenance de l'île ont gagné discrètement l'Europe continentale en tant que « cornes de licorne », beaucoup plus
précieuses, et faciles à vendre. Elles s'ajoutaient aux maigres approvisionnements
qui arrivaient de la Russie arctique et de la côte sibérienne. On trouvait certaines
défenses sur les plages, restes impérissables de narvals morts rejetés sur les rivages
pendant des siècles. D'autres défenses, dit l'auteur français Isaac de La Peyrère, qui
a vécu à Copenhague au milieu du XVIIe siècle et a beaucoup écrit sur l'Islande et
le Groenland, « étaient apportées par les glaces flottantes dérivant du Groenland
vers l'Islande ». C'étaient peut-être des défenses de narvals qui avaient péri dans
des savssats.

Parmi les derniers arrivants en Islande se trouvaient Thorvald et son fils Erik,
âgé à l'époque d'une dizaine d'années, surnommé « Erik le Rouge » à cause de ses
cheveux roux et de son caractère enflammé. Tous deux avaient quitté leur foyer
« à cause de certains meurtres », rapporte une saga. Erik participa à d'autres
dissensions et fut banni d'Islande pour trois ans. S'étant fié à des rapports faisant
état de terres à l'Ouest, il a découvert le Groenland, navigué vers le sud aux
alentours du cap Farewell et longé la côte ouest, profondément dentelée.

Après avoir donné à cette terre le nom attirant de « Grøenland », « terre
verte », Erik y revint en 986 avec 14 bateaux et 400 colons, leur bétail et leurs
effets. Ils s'installèrent dans deux régions, la colonie d'Oesterbygd, à l'est, dans ce
qui est actuellement le district de Julianehåb, et la colonie de Vesterbygd, plus au
nord et à l'ouest, dans la région de Godthåb (maintenant Nuuk). Ces deux
emplacements se trouvaient dans la partie méridionale et relativement tempérée
du Groenland. Les colons étaient des fermiers et des chasseurs. Vers 1100 environ, lorsque la colonie était prospère, elle comptait 300 fermes, 16 églises, une
cathédrale à Gardar, le siège épiscopal, un couvent, un monastère et un total
d'environ 3 000 personnes qui, dans cet avant-poste éloigné manquant de bois, de
métal et de sol convenable pour l'agriculture, essayaient de mener une version
modifiée de la vie contemporaine de l'Europe du Nord. « Mais, note l'auteur
inconnu du *Miroir du roi*, au Groenland... tout ce qui vient d'ailleurs est cher ; car
le pays est à une telle distance des autres terres que les hommes le visitent
rarement. »

Les Groenlandais importaient le bois, les grains, le fer, le malt, le vin, les
vêtements d'église, les babioles et les parures qu'ils pouvaient se payer. Ils expor-
taient des peaux de renard, des peaux et de l'huile de phoque, du poisson séché,
du beurre, du fromage et un vêtement en laine épaisse appelé *wadmal*, mais la
faible valeur de tous ces articles n'équivalait pas à celle des importations. Le vrai
trésor de leur terre et de leur mer, convoité et payé en or et en barres d'argent par
les nobles européens et les princes arabes, était constitué d'ours blancs vivants et
de peaux d'ours blanc, de défenses et de peaux de morse (ce qu'il y avait de mieux
pour faire des câbles), de gerfauts vivants et, produits encore plus précieux et plus
rares, de défenses de narval.

Pour obtenir ces articles coûteux et vitaux, c'est à la rame et à la voile que les
Vikings se rendaient très au nord, vers Nordrsetur, une région enveloppée de
secret et de mystère. Habituellement volubiles et vantards au sujet de leurs
voyages et de leurs exploits, ils ne soufflaient mot de leurs expéditions au
Nordrsetur. La raison de ce silence était, sans aucun doute, la discrétion entourant
le commerce des défenses de narval. C'était, comme l'a souligné l'auteur

Jadis, les « défenses [de narval] étaient considérées comme les cornes de la fabuleuse licorne terrestre... et vendues à des coûts excessifs à la gentilhom-merie... ».

— DAVID CRANTZ, missionnaire morave au Groenland (1768)

« Tous les propriétaires terriens du Groenland avaient construit de grands bateaux pour aller au Nordrsetur », le terrain de chasse du Grand Nord.

— BJØRN JONSSON, écrivain islandais (1574-1656)

britannique Odell Shepard, « un commerce pour lequel faire des annonces ne rapporte pas ». Il aurait été désastreux que la vérité soit connue, à savoir que les merveilleuses cornes de licorne n'étaient en réalité que les dents d'une baleine arctique.

Ces expéditions au Nordrsetur étaient fréquentes et dangereuses ; on peut le déduire de l'existence d'un homme nommé Lodinn, au sobriquet de « Lodinn les cadavres ». Contre paiement, il recherchait sur les rivages nordiques les corps des marins noyés et les transportait dans le sud du Groenland pour qu'ils soient ensevelis en terre bénie. L'écrivain islandais Bjørn Jonsson (1574-1656) écrit dans ses *Annales du Groenland*, fondées sur d'anciennes sources : « Tous les propriétaires terriens du Groenland ont de grands bateaux construits pour les voyages au Nordrsetur... équipés de toutes sortes d'engins de chasse... » En 1266, les chasseurs nordiques se sont aventurés encore plus au nord qu'habituellement, ils ont voyagé dans les brumes épaisses et quand ils ont finalement vu la terre, c'était une côte avec « beaucoup de glaciers et d'ours blancs ». Ils en sont revenus avec un chargement précieux d'ours blancs vivants, de peaux de phoque et d'ivoire de morse. Les autorités ecclésiastiques de Gardar furent si impressionnées par cette riche cargaison qu'elles envoyèrent rapidement leur propre et importante expédition, qui s'enfonça probablement dans la baie de Melville. Les voyageurs virent de nombreux morses, des baleines boréales et des phoques, mais « il y avait tellement d'ours [blancs] qu'ils n'osèrent pas s'aventurer à terre ».

Finn Gad, l'historien et auteur danois des quatre volumes de la très détaillée *Histoire du Groenland*, affirme carrément que « des expéditions de chasse vers le nord... les chasseurs rapportaient habituellement de grandes quantités d'ivoire de morse et de narval ». L'ivoire de morse est bien attesté. Le Groenland payait sa dîme au Saint-Siège avec de l'ivoire de morse et il a contribué à au moins deux croisades en Terre sainte avec des dons d'ivoire de morse. C'était aussi la deuxième en importance des exportations de la colonie. L'ivoire de morse, au grain serré, très beau et durable, était largement utilisé pour sculpter des jeux d'échecs et des madones, des poignées de crosse pour les évêques chrétiens et des poignées d'épée pour les princes musulmans.

Mais ni les narvals ni les défenses de narval, probablement l'exportation la plus précieuse du Groenland, ne sont jamais mentionnés dans les sagas ou les rapports. C'est grâce à quelques faits, à des allusions provocantes et à certaines conjectures raisonnables que nous pouvons savoir qu'un tel commerce existait. Vers l'an 1000, les cornes de licorne que l'on trouvait en abondance en Europe et en Arabie venaient probablement du Groenland. À la même époque, la plupart des licornes dépeintes dans les arts portent de toute évidence une défense torsadée de narval. En 1070, dans une addition à sa *Gesta Hamburgensis*, l'histoire de son siège épiscopal qui s'étendait très loin vers le nord, l'évêque Adam de Brème écrit que les chasseurs vikings allèrent dans l'extrême nord du Groenland « afin de tuer des ours blancs et des tanwallen », mot par lequel il désigne probablement les *tandhvalen*, des baleines à dents ou narvals. Et nous savons aussi que deux *knerrir*, grands bateaux de commerce normands mesurant de 15 à 18 m, qui transportaient des chargements de « cornes de licorne » du Groenland, firent naufrage sur la côte d'Islande.

Les annales islandaises de l'année 1242 mentionnent qu'un bateau chargé d'une cargaison de « cornes de licorne » a fait naufrage près de l'Islande lors d'une

Il y a toujours quelqu'un, dans un camp de chasseurs de narvals, qui surveille les baleines.

Des os de narval, de morse, de phoque et de baleine boréale gisent sur le sol d'une ancienne maison de la culture de Thulé, sur la péninsule de Knud, dans la terre d'Ellesmere.

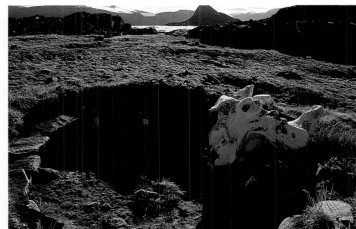

L'archéologue canadien Peter Schledermann a trouvé des objets vikings dans certaines de ces maisons de la culture de Thulé, vieilles de 900 ans, dans l'île de Skraeling.

tempête et qu'une partie des cornes ont pu être récupérées. Le deuxième rapport, contenu dans le *Specimen Islandiae Historicum* d'Arngrimr Jonsson, publié à Amsterdam en 1643 mais fondé sur des sources très anciennes, donne beaucoup plus de détails parce qu'Arnhald, premier évêque d'Islande, était à bord du bateau qui s'est brisé contre la côte accidentée de cette île, en 1126. L'évêque a survécu mais beaucoup de marins furent noyés et leurs corps, ainsi qu'une partie de la cargaison, ont été rejetés dans un marécage connu par la suite sous le nom de Marais aux cadavres. Parmi les articles sauvés se trouvaient plusieurs défenses de narval (*dentes balenarum*) qui étaient « très précieuses ». « Chacune était marquée en lettres runiques avec une résine rouge indélébile, pour que chaque marin, à la fin du voyage, retrouve les siennes. »

Conserver sans divulgation un important secret commercial pendant 500 ans, et vendre pendant tout ce temps des défenses de narval du Groenland comme des cornes de licorne de Chine, ce n'était pas un mince exploit. Toute cette discrétion a gardé au Nordrsetur son aura de mystère. Aucun témoignage ne nous dit jusqu'où les Vikings sont allés vers le nord, s'ils chassaient eux-mêmes les narvals ou s'ils obtenaient les précieuses défenses en commerçant avec les Inuit. Mais le peu que nous savons nous permet d'en deviner beaucoup. En 1824, l'Inuk Pelimut a découvert une petite pierre portant une inscription runique, dans un cairn de l'île de Kingigtorssuaq, près d'Upernavik, à 1 100 km au nord du Vesterbygd. La courte inscription parle des trois chasseurs nordiques qui ont construit le cairn en avril (aux environs de 1300) et qui ont dû passer là l'hiver. La glace rendait en effet impossible un voyage en bateau aussi loin vers le nord, si tôt dans la saison.

Les Vikings ont rencontré les Inuit et ne les ont pas aimés. Ils les appelaient Skraelings, terme dédaigneux qui signifie « nabots, personnes semblables à des trolls ». Les Inuit « étaient des hommes basanés, semblables à des démons, avec des cheveux raides. Ils avaient de grands yeux et de larges joues ». (Nous ne savons malheureusement pas ce que les Inuit pensaient de ces Vikings, grands, blonds, barbus. Ibn Fadlan, l'arabe délicat, les considérait comme « les plus immondes créatures de Dieu ».)

Les Normands étaient certainement capables d'attraper et de tuer des ours blancs et des morses, qui dorment profondément sur des glaces à la dérive et qu'il est facile d'approcher. Qu'ils aient eu le temps et l'habileté de chasser les narvals, timides et rapides nageurs, est beaucoup plus douteux. Les baleiniers britanniques et américains du XIXᵉ siècle, expérimentés et bien entraînés, mettaient rarement une embarcation à la mer pour des narvals ; ils savaient, par expérience, que ces baleines, vives et agiles, leur échappaient le plus souvent. À la place, ils achetaient des défenses aux Inuit, experts dans la chasse aux narvals. Les autochtones mangeaient les baleines, les hommes blancs obtenaient les défenses. En 1903, l'explorateur canadien A.P. Low observait qu'en plus d'acquérir de grandes quantités de défenses de narval des Inuit du Canada (jusqu'à 400 en une année), « les baleiniers de la baie de Baffin en obtenaient un nombre considérable des autochtones du nord du Groenland, la meilleure place aux alentours du cap York... », dans la très septentrionale baie de Melville.

Pour se rendre au Nordrsetur, les Normands se servaient de bateaux à voile ou de bateaux à six rames, tous deux beaucoup trop lents et trop bruyants pour chasser avec succès le narval. Par ailleurs, pour gagner les zones d'estivage des

« **Mais au Groenland... tout ce qui vient d'autres terres est très cher...** »

— *Le Miroir du roi*, auteur inconnu (XIIᵉ siècle, Islande)

narvals de la baie de Baffin et du bassin de Kane, entre la terre d'Ellesmere et le Groenland, les Normands devaient voguer ou ramer vers le Nord sur 2 000 km ou plus, à partir de leur colonie de l'ouest, dans la région de Godthåb. Cela leur aurait laissé peu de temps pour chasser le narval. Il est donc raisonnable de tenir pour acquis qu'ils obtenaient la plupart des défenses de narval dans des échanges avec les Inuit qui appréciaient plus que tout le métal et le bois : grâce à leur commerce avec l'Europe, les colons groenlandais possédaient ces deux produits.

Durant l'été 1978, l'archéologue canadien Peter Schledermann travaillait avec grand soin dans les restes d'une demeure des Inuit de la culture de Thulé, sur la petite île de Skraeling, dans le fjord Alexandra. Ce site de la côte est de la terre d'Ellesmere, dans le haut Arctique canadien, à moins de 1 200 km du pôle Nord, est « l'un des sites archéologiques les plus intéressants de l'Amérique du Nord » et une zone où se trouvent « les peuplements préhistoriques importants les plus septentrionaux jamais découverts ». Soudain, sa truelle a frappé le métal de deux anneaux légèrement rouillés, pris l'un dans l'autre. « En plus de 15 années d'exploration archéologique, déclare Schledermann, je n'ai aucun souvenir plus précieux... les anneaux provenaient, de toute évidence, d'une cotte de mailles, l'armure typique de l'Europe médiévale. »

Au cours des saisons d'exploration suivantes dans l'île de Skraeling et sur des sites préhistoriques tout aussi importants de la proche péninsule de Knud, non loin d'une polynie riche en gibier, on a trouvé de nombreux objets laissés par les hommes du Nord : des rivets de bateau, des lames de couteau, un rabot de menuisier datant de 1200 environ, ainsi qu'un morceau de vêtement en laine, daté par le radiocarbone des années 1250, « d'un type de tissage commun chez les Vikings de la colonie du sud-ouest du Groenland ». Depuis, d'autres objets normands ont été trouvés dans les restes d'anciennes maisons des Inuit du haut

Découpage d'une baleine après une chasse fructueuse. Gravure faite en 1966 par Paulosie Sivua de Povungnituk, sur la côte est de la baie d'Hudson.

Une troupe de narvals surgit de la mer arctique. Les Vikings obtenaient probablement les défenses de narval en faisant du troc avec les Inuit. Janet Foster/Masterfile

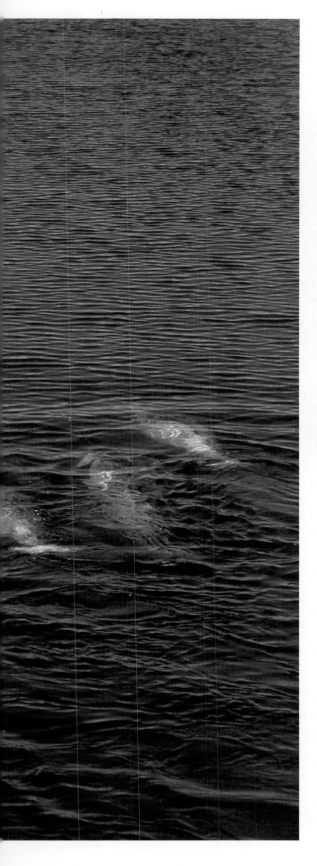

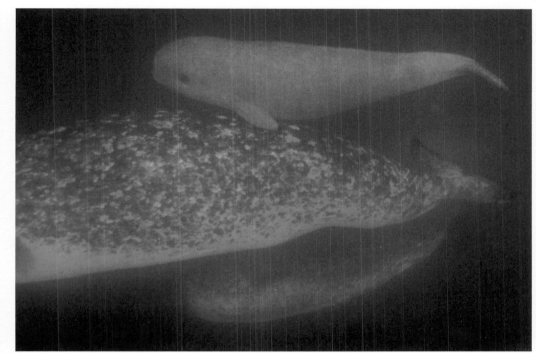

À sa naissance, le baleineau du narval mesure environ 1,50 m et pèse dans les 80 kg.
Animals Animals © Doug Allan

Arctique canadien, dont une balance en bronze qui, d'après l'archéologue britannique David Wilson, « faisait partie de l'équipement standard de tout marchand [viking] ».

J'ai visité l'île de Skraeling pendant l'été 1989 et j'ai escaladé une colline surplombant les ruines des anciennes maisons. Elles étaient entourées par les os blanchis de baleines boréales, de morses et de narvals, restes des repas de jadis. Les entrées de bien des maisons de pierre, d'os et de gazon, étaient encore clairement visibles. Les ancêtres des Inuit polaires, les plus habiles chasseurs de narvals du Nord, vécurent là jusqu'à ce que le refroidissement du climat médiéval les chasse vers le Groenland.

En 1989, ma femme et moi, nous sommes allés en Asie centrale et en d'autres lieux de l'ancienne Union soviétique pour retrouver les routes commerciales d'autrefois, qui apportaient les défenses de morse et de narval, des côtes de l'Arctique russe et sibérienne aux marchés de l'Asie centrale, de Chine, du Proche-Orient et de l'Europe occidentale. En Asie centrale, à Samarkand, autrefois capitale du grand empire de Tamerlan, plusieurs anciennes routes commerciales se croisaient. Par la célèbre Route de la soie arrivaient des articles de Chine. Une autre route partait de Samarkand, longeait le Syr-Daria et à travers les vastes steppes conduisait chez les Bulgares de la haute vallée de la Volga, où marchands arabes et vikings se rencontraient et échangeaient esclaves, fourrures, gerfauts, ambre et parfois « cornes de licorne », contre de l'argent et de l'or, des récipients en bronze artistiquement travaillés, des anneaux, broches, babioles, bracelets et perles de couleur, dont les Normands raffolaient. Les Vikings, observait un Arabe du Xe siècle, « parcourront n'importe quelle distance pour obtenir des perles colorées ».

C'était le milieu d'août et je me trouvais dans l'île de Skraeling, par une nuit morne et silencieuse, baignée d'une douce lumière gris bleu. Une neige mouillée tombait lentement sur les anciennes maisons de Thulé. Des morses, se chamaillant sur des morceaux de glace serrés, beuglaient au loin. Soudain, j'ai entendu les pouf ! pouf ! pouf ! explosifs et distinctifs du souffle des narvals ; 16 baleines, en deux groupes, nageaient au large de l'île, vers la polynie, riche en nourriture, des abords de la péninsule de Knud.

Schledermann croit que les Normands ont pu atteindre l'île de Skraeling il y a environ 900 ans et qu'ils ont fait des échanges avec les Inuit. Dans des ruines de la culture de Thulé, il a trouvé « une petite tête en bois sculpté », datée des environs de 1100. « Même si son style est vraiment celui des Inuit, écrit-il, le visage me semble fortement nordique. C'est comme si le sculpteur avait vu de ses yeux un Normand et cherché à conserver pour toujours cette vision surprenante dans le bois. »

Je crois que si les Normands ont visité les Inuit de l'île de Skraeling et d'autres peuplements semblables et éloignés de Thulé, ils sont d'abord venus chercher des défenses de narval. Rien d'autre n'avait suffisamment de valeur pour rendre attrayants de tels voyages, aussi longs et risqués. Certaines « cornes de licorne » que j'ai admirées dans les trésors de l'Europe, montées sur or et étincelantes de diamants et autres pierres précieuses, ont peut-être été obtenues il y a neuf siècles auprès d'Inuit, chasseurs de narvals, qui vivaient alors sur cette île éloignée et solitaire, et ont été échangées avec les hommes du Nord contre du bois et du métal.

« Les baleiniers de la baie de Baffin obtiennent un nombre considérable de cornes de narval des autochtones du nord du Groenland... »

— A.P. LOW, géologue et explorateur canadien (1903)

Chaudement vêtu d'un pantalon en peau d'ours blanc, d'un parka en peau de renne, de bottes et de gants en peau de phoque, un Inuk polaire passera des jours au bord de la glace, attendant que des narvals s'approchent.

*Le fjord d'Alexandra entaille la terre d'Ellesmere. Là,
il y a des siècles, des Inuit de la culture de Thulé
auraient pu céder aux Vikings des défenses de narval.*

*De la glace sculptée dérive sereinement dans
la baie de Baffin, enveloppée de brume.*

La plus étrange découverte faite jusqu'ici l'a été dans l'île Bathurst, dans le haut Arctique canadien. Une équipe d'archéologues dirigée par Robert McGhee, du Musée canadien des civilisations, a trouvé dans une ancienne maison inuit un petit récipient en bronze fabriqué en Asie centrale. Des Arabes l'avaient probablement apporté jusqu'à la Volga et des Vikings jusqu'au Groenland. Puis, il y a environ 800 ou 900 ans, lors d'une expédition au Nordrsetur, un marchand viking a peut-être rencontré des Inuit et échangé ce petit bronze pour ce bien arctique le plus précieux, une défense de narval.

Après 1300, la fatalité atteignit durement les colons normands du Groenland. Jadis, les Vikings avaient été la terreur des mers. Désormais, ce sont les pirates anglais et écossais qui pillent leurs bateaux et leurs colonies islandaises. Le climat s'est refroidi, comme le note Ivar Baardson, intendant de l'évêque de Gardar entre 1341 et 1364. La peste noire tue un tiers des populations de l'Europe. De moins en moins de bateau entreprennent le long et périlleux voyage du Groenland. Adaptés culturellement au froid, les Inuit prospèrent, descendent vers le sud et se battent avec les colons. Les annales islandaises notent qu'en 1379 « les Skraelings ont attaqué les Groenlandais, tué dix-huit d'entre eux et emmené deux garçons ». La colonie de l'ouest est abandonnée. Les voyages lucratifs vers le Nordrsetur cessent et le peuple, jadis plein de vitalité, dépérit. Quand en 1492, l'année où Christophe Colomb découvre l'Amérique, le pape Alexandre VI exprime des préoccupations pour ses ouailles groenlandaises, *in fine mundi*, du bout du monde, le dernier survivant est mort, dans une solitude désespérante, mal nourri et rachitique.

L'île de Skraeling, près de la terre d'Ellesmere, dans le haut Arctique canadien, où les Vikings et les Inuit pourraient avoir fait du troc, il y a 800 ou 900 ans.

LES DÉBUTS DU DOUTE

Dans les temps anciens, on croyait qu'il y avait une correspondance entre la terre et la mer, et que les animaux de la terre avaient leur contrepartie dans la mer. Les analogies étaient souvent bizarres et beaucoup étaient inconnues, mais le monde était encore largement inexploré et les gens croyaient qu'à un moment donné, les associations manquantes seraient trouvées. Il y avait des chevaux de terre et des chevaux de mer (ancien nom des morses), des vaches terrestres et marines, des ours terrestres et marins (ancien nom donné aux phoques), des lions terrestres et marins, des serpents de terre et des serpents de mer, des hommes et des femmes sur terre et des Tritons et des sirènes dans la mer. Ce ne fut donc pas une surprise lorsqu'une licorne de mer fut découverte : c'était le pendant de la licorne terrestre, qui confirmait simplement une ancienne tradition.

En 1576, l'explorateur élisabéthain sir Martin Frobisher arme deux bateaux pour découvrir le passage du Nord-Ouest, un raccourci nordique vers Cathay et vers les fabuleuses richesses de l'Orient. Il découvre la terre de Baffin et revient avec une grande pierre noire qu'un essayeur déclare riche en or. Soutenu par la reine Élisabeth Ire, Frobisher fait deux autres voyages, en 1577 et 1578, ce dernier avec 15 navires et 400 hommes. Ceux-ci extraient 2 000 tonnes de minerai sans valeur (un mélange de pyroxénite et d'amphibolite que l'on appelle souvent « l'or du fou ») dans une petite île de la baie de Frobisher, à la grande stupéfaction des Inuit locaux qui, depuis, nomment cette île « l'île de l'homme blanc ».

Le 22 juillet 1577, les hommes de Frobisher « trouvent, dans une autre petite île, un grand poisson mort qui a dans le nez une corne droite et torse, longue de deux yards moins deux pouces, brisée à l'extrémité par où l'on pouvait percevoir un trou, dans lequel certains de nos marins mirent des araignées qui moururent tout de suite... et par la vertu de celle-ci nous l'avons supposé être la licorne de mer ». À son retour en Angleterre, Frobisher offre la « corne de licorne » à sa reine qui la fit placer dans son trésor en tant que joyau.

On croyait alors que les araignées étaient extrêmement toxiques. En 1613, lors de son interrogatoire concernant le célèbre meurtre de sir Thomas Overbury, un témoin attesta « que la comtesse [Frances Howard] voulait qu'il lui procure le poison le plus violent possible... » et qu'il lui donna « sept grosses araignées ». Puisque la corne de licorne « tue » les poisons, on supposait aussi qu'elle était mortelle pour les araignées, et « l'épreuve de l'araignée » a été souvent utilisée pour s'assurer de l'authenticité des cornes.

En 1584, à demi fou au souvenir d'innombrables meurtres, hanté par les esprits, les craintes et les présages, le tsar Ivan IV le Terrible convoqua 60 « sorcières » de Laponie pour qu'elles prédisent son avenir. Elles lui dirent qu'il mourrait le 18

Ci-dessus : la longue défense du narval mâle est unique. C'est la seule corne droite et torsadée dans toute la création. Flip Nicklin

Ci-contre : un narval plonge dans les profondeurs ; pendant un instant sa queue s'élève haut dans les airs. Flip Nicklin

mars. D'après l'ambassadeur sir Jerome Horsey, le tsar, qui se plaignait d'être empoisonné, fit apporter, par « son personnel royal, une corne de licorne magnifiquement garnie de diamants, de rubis, de saphirs, d'émeraudes et d'autres pierres précieuses ». Il ordonna à son médecin de tracer un cercle sur la table avec de la corne et de placer des araignées à l'intérieur. Toutes les araignées moururent, mais le tsar dit : « C'est trop tard... [la corne de licorne] ne me protégera pas. » Il reprit brièvement des forces et joua aux échecs avec ses courtisans. Mais soudainement, il tomba en syncope et peu après, rapporte Horsey, il était « raide mort ». C'était la soirée du 17 mars.

L'épreuve des araignées n'était pas toujours concluante et pouvait parfois être réellement embarrassante. Lorsque George Villiers, deuxième duc de Buckingham et favori du roi Charles II, fut admis à la prestigieuse Royal Society, le 5 juin 1661, il donna à la société un morceau de corne de licorne. Les savants en grattèrent de la poudre, en firent un cercle sur le plancher et placèrent une araignée au centre. Elle détala, intacte, comme du reste les autres araignées utilisées lors d'expériences ultérieures. Une seule, fut-il noté, « s'est arrêtée quelque peu sur la poudre ».

Après l'effondrement dans la misère et l'isolement des colonies normandes du Groenland, il y eut une courte interruption des livraisons de défenses de narval puis elles reprirent. Les marchands hollandais et danois commencèrent à les obtenir des Inuit groenlandais. En 1656, l'auteur français César de Rochefort observe le déchargement d'un vaisseau hollandais de Vlissingen, tout juste de retour du Groenland. De sa vaste cale sortent des ballots de peaux de phoque, des peaux d'ours blanc et même un kayak d'Inuit. « Mais ce qui est le plus rare et le plus précieux, écrit Rochefort, c'est la grande quantité de... cornes de ce poisson appelé licorne de mer. » Ces défenses, dit Rochefort, ont été envoyées à Paris où elles « furent bien reçues », appréciées non seulement comme curiosités mais aussi comme excellentes médecines. « Plusieurs docteurs et apothicaires du Danemark et d'Allemagne qui ont fait des essais étendus... prétendent que ces cornes combattent le poison et qu'elles ont les propriétés communément attribuées à la corne de la licorne de terre. »

C'était de la dernière ironie. Il y avait désormais deux « cornes de licorne » sur le marché : « les cornes de la licorne de terre », qui valaient plusieurs fois leur poids en or, et « les cornes de la licorne de mer », un substitut acceptable et meilleur marché, la panacée du pauvre. Toutes deux étaient, bien entendu, des défenses de narval, mais cette réalité échappait aux princes et au peuple, également dupés. Les demandes de cornes de licorne et son prix restèrent élevés. Un prince électeur de Saxe paya 100 000 thalers sa corne ; en 1597, la république de Venise offrait 30 000 ducats pour une corne parfaite et ne pouvait en obtenir une à ce prix, et en 1664, les droits français d'importation de la corne de licorne étaient de 50 sous par livre.

La croyance dans la puissance et la gloire de la « véritable corne de licorne » restait intacte, mais quelques acheteurs prenaient des précautions, de crainte d'acquérir de frauduleuses « imitations ». La foi aveugle du Moyen Âge cédait peu à peu devant la curiosité d'esprit de la Renaissance. Jacques Ier d'Angleterre (1566-1625) paya plus de 10 000 £ sa corne de licorne. Pour dissiper ses doutes sur l'authenticité de celle-ci, le roi empoisonna une servante pour lui administrer ensuite de la poudre de cette corne. La servante mourut et le roi se plaignit

« Sur une autre petite île... [nous] avons trouvé un grand poisson mort... [avec] une corne torse et droite, à la façon d'une chandelle en cire, que l'on pouvait vraiment penser être la licorne de mer. »

— CAPITAINE GEORGE BEST, membre de l'expédition de Martin Frobisher à la terre de Baffin (1577)

« Plusieurs docteurs et apothicaires au Danemark et en Allemagne qui ont fait des essais approfondis [de cornes de licorne de mer] prétendent... qu'elles ont toutes les propriétés communément attribuées à la corne de licorne terrestre. »
— CÉSAR DE ROCHEFORT, auteur français (1656)

amèrement d'avoir été trompé. Même en Inde, les cornes de licorne n'étaient plus achetées de confiance. En 1615, un baleinier anglais revint du Spitzberg avec une magnifique défense de narval. En 1616, un navire de la British West India Company emporta la corne en Inde et la proposa comme « corne de licorne » au souverain Mukarrab Khan, pour 5 000 roupies. Celui-ci empoisonna un pigeon, une chèvre et un homme et leur donna ensuite de la poudre comme antidote. Tous moururent et il refusa d'acheter cette corne « frauduleuse ».

En 1619, année de la malheureuse expédition à la baie d'Hudson de l'explorateur danois Jens Munk (seuls trois des 65 membres survécurent), les défenses de narval, d'après un récit anglais de l'entreprise, « étaient très en demande parmi les médecins ; les Danois... les vendaient au prix fort ; et ils prenaient garde de révéler au monde que ces cornes ou dents appartenaient à un poisson de mer, ce qui était la raison pour laquelle elles étaient prises pour de vraies [cornes de] licorne ». Mais, lentement, insidieusement, la nouvelle se répandait : même les authentiques cornes de licorne n'étaient que des dents de poisson.

Isaac de La Peyrère, qui a vécu longtemps au Danemark, écrivait en 1647 que quelques années auparavant, la Compagnie du Nouveau Groenland, à Copenhague, a envoyé un de ses partenaires à Moscou avec un lot de défenses de narval, dont une « corne », particulièrement belle, était évaluée à 6 000 rixdales. Le « grand-duc de Moscovie la trouvait magnifique », mais avant de l'acheter il « la fit examiner par son médecin. Celui-ci, plus informé que bien d'autres, dit au grand-duc que c'était la dent d'un poisson, et l'émissaire retourna à Copenhague sans rien vendre ». Ses partenaires étaient furieux. « Vous vous êtes mal débrouillé, dirent-ils à l'infortuné vendeur. Pourquoi n'avez-vous pas donné deux ou trois cents ducats au médecin pour le persuader qu'il s'agissait d'une corne de licorne ? »

Lentement la vérité se faisait jour et le plus ancien et le mieux gardé de tous les secrets commerciaux était révélé progressivement : la corne de licorne était bien la dent d'une baleine arctique. Pour endiguer cette sombre rumeur, les marchands danois firent appel à Ole Wurm. Ils comptaient obtenir de ce savant et professeur royal hautement respecté un verdict établissant que la défense de narval était une authentique corne de licorne, ce qui restaurerait la croyance en leur précieux produit. Ce fut une terrible et radicale erreur. Ole Wurm était honnête et tout à fait incorruptible. Dans les années 1630, il écrivit à son « ancien élève » Thorlac Scalonius, évêque de Hole en Islande, en lui demandant des renseignements sur le narval. L'évêque lui envoya une peinture de la baleine en expliquant que les Islandais l'appelaient « narhual ».

Wurm emprunta à Fris, grand chancelier du Danemark, le crâne et la corne d'un « unicorne » d'une valeur de 8 000 rixdales. Il les examina avec grand soin et finalement, après une longue étude, il déclara à La Peyrère que « ces animaux qui portent ces cornes au Groenland... sont des poissons. » Ce fut une nouvelle choquante. « J'ai de grands débats avec lui, écrit La Peyrère, parce que cela va à l'encontre des opinions de tous les naturalistes qui ont traité des licornes... et entre en conflit avec plusieurs passages des Saintes Écritures, qui ne peuvent être compris que par référence à des licornes à quatre pattes. » Peine perdue. En 1638, Wurm présentait à Copenhague son mémoire sur « La corne de l'unicorne », dans lequel il affirmait que c'était une défense de narval.

Double page : *la mer et la glace étincellent tandis que le soleil se couche derrière les montagnes de la terre d'Ellesmere, au bord du fjord Alexandra, une zone riche en mammifères marins.*

Le prestige de la licorne était alors gravement atteint. L'aura créée par la croyance aveugle et la tromperie astucieuse et séculaire, qui avaient maintenu la légende et le prix de sa miraculeuse corne pendant plus de mille ans, était irrémédiablement détériorée. En 1645, un autre professeur danois, Thomas Bartholin, écrivait que « ces dernières années, depuis l'accroissement du commerce avec le Groenland et le Spitzberg, nos marchands ont rempli des bateaux entiers de ces prétendues cornes et ils les auraient introduites en Europe comme d'authentiques [cornes de] licorne, n'eût été de gens avertis qui ont déchiré le masque et reconnu que ces défenses provenaient de l'océan ». Et il ajoutait, sans ménagement : c'est « cette défense... qui est conservée dans les trésors de plusieurs souverains ». Dans les pharmacies de Francfort, en Allemagne, le prix de la corne de licorne chuta brutalement de 64 florins l'once en 1612, à 32 florins en 1643 et à 4 florins en 1669. En 1734, le lexicographe germanique Zedler énonçait dans son *Grosses Universal Lexicon* que les cornes de licorne, qui se vendaient autrefois des dizaines de milliers de thalers, valaient à peine 20 à 25 thalers chacune. En 1746, à la suggestion de l'English Royal Society of Physicians, la « corne de licorne » était enlevée discrètement de la pharmacopée britannique.

Ayant perdu son prestige, la fameuse « corne » n'était plus qu'un simple objet de curiosité ou une canne pour bourgeois opulents ou nobles distingués. En 1880, George Brown Goode, directeur adjoint du Musée national des États-Unis, notait que l'ivoire de narval « est transformé en cannes et autres articles décoratifs. Les approvisionnements de ce pays viennent principalement du Danemark ». À New York, une bonne défense se vendait alors 50 $.

Toutefois, dans leur nouveau et plus modeste rôle, les défenses de narval restaient magnifiques. En 1837, le biologiste britannique W. Jardin écrivait : « On estime que l'ivoire de narval est supérieur à celui de l'éléphant et le surpasse de beaucoup en toutes ses qualités ; il possède une très grande densité et solidité, est d'un blanc éblouissant qui ne jaunit pas et reçoit facilement un poli brillant. » Dans son enfance, Charles Maurice de Talleyrand-Périgord, prince de Bénévent (1754-1838), un des plus grands diplomates français, fut sévèrement blessé dans un accident. Il marchait avec une botte spéciale à son pied droit estropié et s'appuyait sur une précieuse canne, une défense de narval à pommeau d'or et à embout d'acier. Elle se trouve toujours au château de Valençay.

Au temps des Normands et jusqu'au milieu du XIXe siècle, la plupart des défenses de narval provenaient du Groenland. Les explorateurs britanniques John Ross, en 1818, et William Edward Parry, en 1819, atteignirent les territoires d'estivage des narvals, ouvrant ainsi la voie aux baleiniers américains et britanniques. Dès lors, la plupart des défenses de narval provinrent de la terre de Baffin. Vers la fin du XIXe siècle, Pond Inlet était devenu le centre principal de la chasse au narval et du commerce des défenses et des peaux. L'explorateur britannique sir Leopold M'Clintock, recherchant l'expédition disparue de J. Franklin, s'est arrêté à Pond Inlet en 1858 et a constaté que les Inuit faisaient un commerce actif de défenses de narval avec les baleiniers de passage. Un Inuk nommé Awahlah « nous a montré environ trente cornes amassées dans sa tente et a déclaré qu'il en avait de nombreuses autres dans d'autres postes... Les tiges de fer sont très prisées des Esquimaux qui en font des lances et des foènes, et les cornes de narvals sont très tentantes pour les marins, non seulement comme curiosités de valeur, mais aussi parce que l'ivoire vaut une demi-couronne la livre ».

Au début du siècle, on entreposait des milliers de défenses de narval dans ce bâtiment de la terre de Baffin. De là, environ trois tonnes d'ivoire de narval étaient expédiées chaque année en Grande-Bretagne. Archives nationales du Canada/C 10972

Lorsque les baleines boréales sont devenues rares et que les profits se sont amenuisés, les baleiniers ont construit des postes côtiers, comme celui-ci photographié au cap Haven, dans la terre de Baffin, en 1903. On y rassemblait les produits de la région, dont les défenses de narval. Archives nationales du Canada/PA 53586

En 1616, l'East India Company a emporté une défense de narval du Spitzberg en Inde et l'a offerte comme « corne de licorne » à Mukarrab Khan. « Il a essayé ses effets sur un pigeon, une chèvre et un homme qu'il a empoisonnés. Tous sont morts. Il a donc refusé de l'acheter. »

— SIR MARTIN CONWAY, auteur et explorateur britannique (1906)

Les spécialistes canadiens des mammifères marins, Randall R. Reeves et Edward Mitchell, ont signalé que « le contrat de tout capitaine écossais de baleinier du XIXe siècle lui garantissait une commission de quinze pour cent sur tout l'ivoire de narval qu'il rapporterait ».

Au début, ce commerce était, pour les baleiniers, un à-côté lucratif. Ils arrivaient d'Écosse au commencement de l'été, chassaient les baleines boréales et, nous dit l'explorateur et marchand canadien J.E. Bernier, en 1910, obtenaient des autochtones « des peaux d'ours, de loup, de phoque, de morse, de narval et de l'ivoire, longeaient ensuite la côte vers le sud et retournaient en Écosse en novembre ». Vers 1912, au grand désagrément de la Compagnie de la Baie d'Hudson, encline au monopole, « des marchands libres » s'immiscèrent dans le commerce des défenses de narval. Il y avait trois « opposants », comme les « gens de la Baie » les appelaient : le capitaine Bernier, Henry Toke Munn, commerçant habile et expérimenté, et le sombre et méfiant Robert S. Janes, obsédé par l'idée qu'il trouverait de l'or, et qui avait en sa possession 292 défenses de narval quand il fut tué par les Inuit en 1920.

En 1912, ces trois hommes expédièrent trois tonnes d'ivoire de Pond Inlet, soit les défenses d'environ 600 narvals. En 1923, très froissé, le gérant de la Compagnie de la Baie d'Hudson écrivait à ses supérieurs : « L'industrie du narval s'est développée... presque à ses limites. Les fourrures ne sont guère qu'un à-côté. Cinq ou six cents narvals seraient regardés comme la chasse d'une année ordinaire, dont l'huile, l'ivoire et la peau vaudraient environ 18 000 $. Il y a, je le comprends, un marché spécial à Peterhead [Écosse] pour les peaux de narval qui sont finalement vendues en France pour en faire des gants fins. » Dans cette source de renseignements fascinants, *Animal Products: Their Preparation, Commercial Uses, and Value* (Les produits des animaux : leur préparation, leurs

En 1924, un narval tué par des chasseurs inuit est hissé sur la glace. Archives nationales du Canada/PA 99111

L'île Marble était, au XIXe siècle, un centre de chasse à la baleine de la baie d'Hudson. Les baleiniers étaient ensevelis dans la petite île Deadman, en arrière, dans la baie.

La défense de narval « est le seul produit de valeur pour l'homme civilisé,
étant transformée en cannes et autres
articles d'ornementation ».

— GEORGE BROWN GOODE,
directeur adjoint, Musée national
des États-Unis (1880)

utilisations commerciales et leur valeur), ouvrage publié à Londres en 1877, P.L.
Simmonds écrit que le cuir de narval se compare « favorablement au meilleur
chevreau français, pour sa beauté, son prix peu élevé et sa durabilité, tout en étant
très réputé pour en faire les plus solides bottes de chasse ».

La plupart des défenses de narval que les marchands libres obtenaient dans la
terre de Baffin et celles que les baleiniers recueillaient auprès des Inuit de
l'Arctique canadien et du Groenland étaient vendues en Chine et au Japon : la
croyance dans les licornes et le pouvoir de leur corne, comme remède et antidote
au poison, s'y maintenait intacte. De 1900 à 1925, la chasse au narval s'est faite
en permanence, car durant cette période, de très nombreuses baleines prises dans
des savssats au Groenland et au Canada ont été tuées par des chasseurs inuit.
Quand l'*Albert*, le bateau de Henry Toke Munn, est arrivé en Écosse en 1921, il
transportait 201 peaux de béluga et deux « chargements de camions d'ivoire de
narval ». Et l'auteur britannique Odell Shepard écrit qu'en 1923, un bateau
américain explorant les côtes du Groenland a recueilli « un grand nombre de
défenses. On peut en voir actuellement des centaines dans les docks de Londres ».

Exaspéré, le gérant de la Compagnie de la Baie d'Hudson à Pond Inlet disait à
ses supérieurs, en 1923 : « C'est une entreprise que nous devrions maintenant
délaisser pour nous concentrer seulement sur les fourrures, mais comme elle
constitue la principale source de revenus de notre opposant [Janes avait été tué et
Bernier avait vendu sa part du commerce à Munn], il est nécessaire que nous nous
y intéressions et fassions des efforts pour en prendre autant que possible, afin
qu'éventuellement cela ne vaille plus la peine pour notre opposant de continuer à
venir dans le pays. » Son souhait s'est réalisé la même année. Munn a vendu son
affaire à la Compagnie de la Baie d'Hudson et le représentant de la Baie à Pond
Inlet, soulagé d'un grand poids, a pu reprendre l'activité préférée des hommes de
la Baie : acheter des fourrures. Le commerce des défenses de narval devint
négligeable. Mais ces années avaient été funestes. Selon Mitchell et Reeves,
« ... 10 970 narvals au total ont été tués dans la région de la baie de Baffin et du
détroit de Davis pendant la décennie 1915-1924. Et nous considérons qu'il s'agit
là d'une estimation conservatrice ».

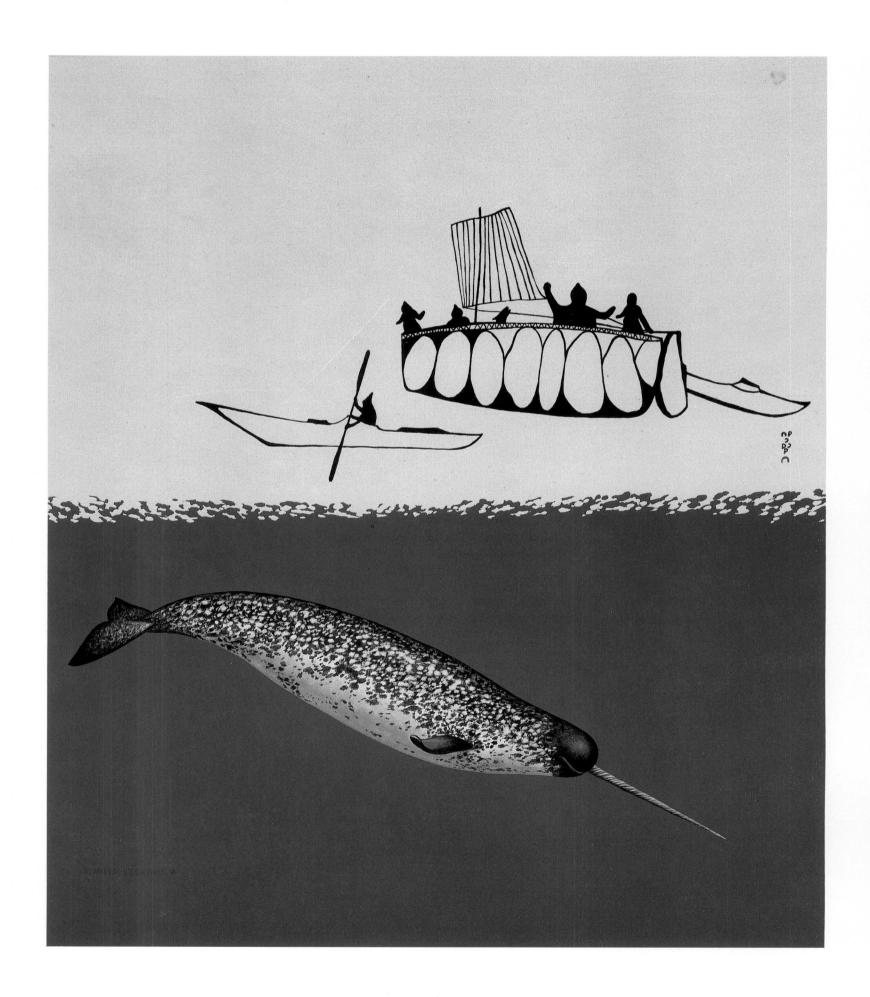

RETOUR À KOLUKTOO

À l'été 1988, je suis revenu à la baie de Koluktoo où, il y a presque un quart de siècle, Brian Beck, David Robb et moi-même avions capturé des narvals dans des filets gigantesques. Les données recueillies lors de cette première étude physiologique extensive de ces baleines peu connues, rassemblées et évaluées par Arthur Mansfield, et publiées dans plusieurs articles et rapports scientifiques, servent encore de base à la plupart des recherches concernant le narval. Dans des études scientifiques récentes, je lis parfois les chiffres familiers des relations âge-taille-poids chez les narvals et je nous revois tous les trois halant avec peine les lourdes baleines sur les plages balayées par le vent de la baie de Koluktoo.

Me voici de retour pour capturer de nouveau des baleines. Nous sommes assis sur la pente herbeuse de Bruce Head, le grand promontoire qui s'avance dans la baie de Koluktoo. Loin au-dessous, notre grand filet attend les baleines dans les eaux noires de la baie. Mais avec le temps, les moeurs ont changé. Nous ne voulons plus tuer les baleines mais les prendre vivantes, fixer de petits radio-émetteurs à leur défense et les libérer. Jamais tenté jusqu'à ce jour, ce projet a été conçu par deux scientifiques canadiens d'avant-garde, Michael Kingsley, du ministère des Pêches et des Océans, et Malcolm Ramsay, de l'université de la Saskatchewan, assistés par Holly Cleator, étudiant du Winnipeg's Freshwater Institute, Sheatie Tagak, un Inuk, et d'autres Inuit de Pond Inlet. Pour l'essentiel, les grandes migrations annuelles des narvals sont déjà connues grâce à une mosaïque de données rassemblées à partir de centaines d'observations. Mais des preuves détaillées manquent encore, qui ne peuvent être obtenues que par la connaissance des routes suivies par des animaux marqués. Le Nord change rapidement ; cette connaissance peut être essentielle pour protéger l'avenir des baleines, quand leurs routes de migration pourraient croiser les voies de la navigation arctique.

Mais la baie de Koluktoo n'a pas changé. Le temps y est toujours aussi exécrable ; trois jours après notre arrivée, une tempête a soufflé ma tente, un « déjà vu » dont je n'avais pas besoin. Aujourd'hui, il fait très beau : le ciel est d'un bleu glacial, des morceaux de glace sculptés par les vagues scintillent sur les eaux sombres de la baie, l'espace semble infini, l'air est aussi net et frais que du champagne bien frappé. Nous observons et attendons. De gros bourdons pelucheux bourdonnent de fleur en fleur, recueillant le dernier nectar de l'été.

En 1965, j'étais assis sur cette pente herbeuse et j'observais, nageant au large de la pointe de Bruce Head, des narvals mâles dont la défense luisait dans l'eau. Depuis, j'ai poursuivi la licorne et sa légende dans les coins les plus éloignés de la Terre. J'ai tenté d'acheter une corne de licorne dans une sombre et crasseuse

Ci-dessus : consciente de sa beauté et de son aura de mystère, les postes canadiennes ont émis un magnifique timbre de cinq cents représentant un narval. Timbre reproduit avec l'aimable autorisation de la Société canadienne des postes

Ci-contre : narval et chasseurs inuit dans l'Arctique canadien, peints par l'artiste américain Richard Ellis.

Pond Inlet, dans la terre de Baffin, le centre canadien de la chasse au narval, est un village tout à fait moderne avec des antennes paraboliques et de grands magasins.

La croix de la cathédrale anglicane de Saint-Jude, à Iqaluit, dans la terre de Baffin, a été fabriquée avec des défenses de narval. La balustrade de l'autel est faite de deux patins polis de traîneau à chiens.

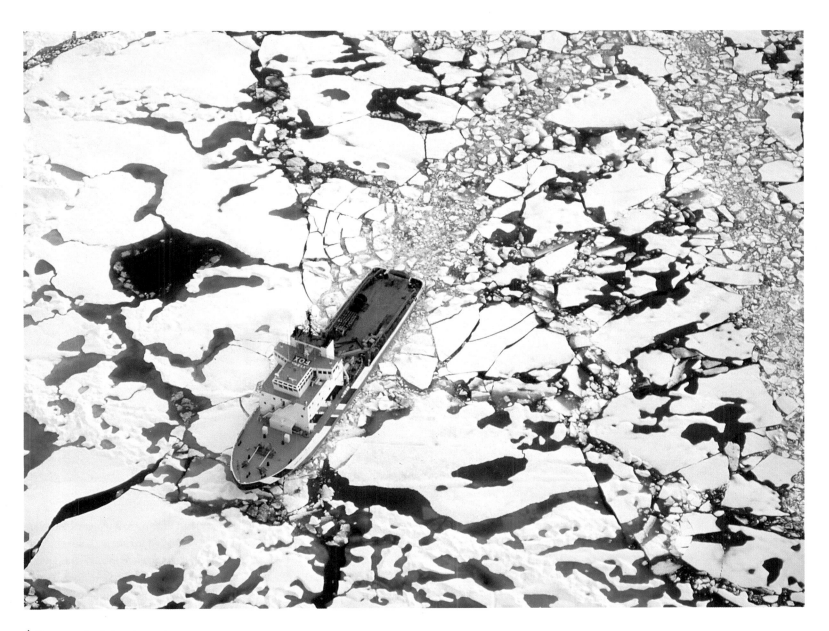

À l'avenir, des brise-glace géants vont se
tailler un chemin à longueur d'année dans la
glace arctique, pour ouvrir un passage aux
convois de bateaux transportant du gaz
naturel liquéfié. Ces chenaux artificiels pourraient modifier les migrations des narvals.

Autres ouvrages de Fred Bruemmer :

The Long Hunt / The Ryerson Press - 1969
Encounters with Arctic Animals / Mc Graw-Hill / Ryerson - 1972
Les saisons de l'esquimeau / Le Cercle du Livre de France - 1974
L'Arctique / Éditions Optimum ltée. - 1976
Les phoques du Canada / Éditions La Boétie - 1978
Children of the North / Optimum Publishing - 1979
La rivière aux ours / Éditions Héritage - 1980
L'Arctique circumpolaire / Éditions du Trécarré - 1985
Arctic Animals / Mc Clelland & Stewart - 1986
Les saisons du phoque / Éditions du Trécarré - 1988
L'ours blanc / Éditions du Trécarré - 1989
Souvenirs de l'Arctique / Éditions du Trécarré - 1993
Les Animaux du Grand Nord / Éditions Héritage - 1993